MAEJIN

Thai Red Curry
with Vegetables

Südwind Steiermark

Stadträtin Tatjana Kaltenbeck-Michl
Frauenreferat

GRÜNE AKADEMIE

Copyright: 2002 MEGAPHON/Caritas der Diözese Graz-Seckau

Autoren: Willi Haider, Christine Wassermann (celery's)
Redaktion: Gerhild Wrann, Judith Schwentner
Lektorat: Manfred Lechner

Fotos: www.mrs-lee.com

Marketing: Gottfried Reyer

Artwork, grafische Produktion: Peter Schaberl, Cactus Communications›Design, Graz

Druck: styrian Druckservice

ISBN: 3-9501679-0-0

Willi Haiders
Megaphon-Rezepte

*Und internationale vegetarische
Rezepte aus dem celery's*

Koch-Ideen zum Sparen

Herausgegeben vom MEGAPHON/Caritas der Diözese Graz-Seckau

Die Idee eines Armenküche-Kochbuches hat mich sofort begeistert, weshalb den Initiatoren vom Megaphon mein besonderer Dank gilt. Natürlich habe ich mich sofort dahinter geklemmt und wie das Bild zeigt, die Probe aufs Exempel gemacht. Gerichte zu einem Europreis von 2,39 in einem Kochbuch für jene zu sammeln, die täglich sparen müssen, macht das Kochen zu einem erfindungsreichen Unternehmen. Diesen Erfindungsreichtum müssen sozial Schwache – oftmals junge Arbeitslose, für die sich die Sinnfrage des Lebens stellt – nicht nur in der Küche aufbringen. Ihnen muss unserer Augenmerk und unsere Unterstützung gelten. Ich wünsche allen, die das Kochbuch ausprobieren wollen, gutes Gelingen und vor allem guten Appetit!

Landesrat
Hermann Schützenhöfer

Vorwort

Wenn eine Caritas-Einrichtung wie das Megaphon ein Kochbuch herausgibt, ist das schon etwas Besonderes. Da ist einerseits der Koch, der nicht nur zu den steirischen Edelköchen zählt, sondern die österreichische Spitze repräsentiert. Willi Haider gebührt für die Entstehung dieses Buches und für seine monatliche Kolumne ein ganz besonderer Dank. Andererseits öffnet celery's Köchin Christine Wassermann das Tor zur Welt der internationalen Geschmäcker.

Eine günstige Mahlzeit zuzubereiten ist keine große Kunst. Eine gute Mahlzeit schon eher. Die Kombination von gut und günstig braucht eben den Meister persönlich.

Doch geht es bei diesem Kochbuch um mehr. In einer Gesellschaft des Überflusses und des Luxus setzt das Megaphon mit dieser Publikation ein deutliches Signal in Richtung Einfachheit. Es ist ein Zeichen für den sorgsamen Umgang mit Lebensmitteln. Heute werfen wir jährlich mehr Lebensmittel weg, als es 1947 überhaupt zu essen gab. Es geht auch um einen sorgsamen Umgang mit natürlichen Ressourcen. Willi Haider verwendet in erster Linie Produkte, die in der unmittelbaren Nachbarschaft wachsen. Für sie müssen keine enormen Transportkosten und damit Umweltbelastungen in Kauf genommen werden. Somit ist dieses Buch ein Beweis dafür, dass weniger oft mehr sein kann. Einfaches Essen wird durch das Kochbuch des Megaphon nicht zu einem Los armer Menschen, sondern zu einer Bereicherung jeder Küche.

Guten Appetit!

FRANZ KÜBERL
Caritasdirektor

Überreizung der Sinne bei den einen, Einschränkungen in der Wahrnehmung bei den anderen. Wo liegt die Mitte?. Sicher nicht im perfekten Menschen. Ich glaube die Lösung lautet anders: Die Differenzen als Qualitäten zu sehen und nicht als Stigma. Anders-Sein ist nicht zuletzt ein soziales Konstrukt. Erst dort, wo die Gesellschaft damit ein Problem hat, wird es auch zu einem. Gemeinsamkeiten können dies verhindern, gemeinsame Projekte können ein Brückenschlag sein.

„Die Armenküche", wie sie nun in dieser Buchform vorliegt, ist für die Megaphon-Leserinnen und Leser schon lange eine Bereicherung. Nicht nur für diejenigen, denen bescheidene finanzielle Mittel zur Verfügung stehen. Sondern auch für jene, die durch diese Megaphon-Kolumne einen neuen Zugang zum Kochen bekommen haben. Der multikulturelle Aspekt, der in der „Armenküche" im Mittelpunkt steht, ist der Brückenschlag zu einem harmonischen Miteinander.

Den Initiatoren dieses Buches möchte ich herzlich danken - ganz besonders den Autoren Christine Wassermann und Willi Haider, die mit ihrem Einsatz für dieses Projekt einmal mehr beweisen: Graz ist für alle Menschen eine Stadt, in der man schon heute ganz gut leben kann.

Ihr Siegfried Nagl

Kochbuch

In meiner Straße hat ein Geschäft eröffnet, in dem es ausschließlich Kochbücher zu kaufen gibt. Ich war noch nie drin, aber ich stehe manchmal fassungslos vor der Auslage. Ich dachte immer, Kochbücher heißen „Kochbuch" oder „Italienisch kochen" oder so ähnlich. Irrtum. Die Leute, denen Iglo aus mir unbegreiflichen Gründen nicht schmeckt, werden immer raffinierter, wenn es darum geht, sich in Details zu verlieren. Sie wollen nicht mehr einfach italienische Nudeln machen, sondern zum Beispiel exakt so kochen wie ein Ligurier, wobei ich annehme, dass sich die meisten Ligurier ihrerseits ja an das Standardwerk „Italienisch kochen" halten, aber bitte. In dem Kochbuchladen gibt es Titel wie – ich lüge nicht – das „Nahost-Kochbuch" oder „Ostafrikanisch Kochen", und ich frage mich, wie ich in Wien-Margareten die passenden Zutaten für einen Intifadasalat oder ein Zebragulasch auftreiben sollte. Egal. Ich finde, es ist ein gutes Zeichen, dass sich unsere Zivilisation unaufhaltsam vorwärts entwickelt, auch wenn sich das im gegenständlichen Fall nur darin äußert, dass Bücher gedruckt werden, deren einziges Thema „Quitten" sind oder „Kürbis" oder „Ernährung nach den fünf Elementen" (Mein Tipp: Steak, Pommes Frites, Ketchup, kleiner Brauner, Bloody Mary).

ROBERT TREICHLER

Inhalt

Hauptspeisen 81

Nachspeisen

Willi Haiders gute Küche

Längst ist er eine Institution in der Steiermark. Seine Kochschule besuchen alle Berufsgruppen, „vom Arzt bis zum Zivildiener, einfach Menschen, die gerne essen und trinken". Und auch aus dem Megaphon ist seine Kolumne mittlerweile nicht mehr wegzudenken. Willi Haider, steirischer Spitzenkoch mit dreißigjähriger Erfahrung, gibt sich weitaus bodenständiger und bescheidener als sein

französischer Kollege Paul Bocuse. Denn für ihn ist es letztendlich nicht entscheidend, wie viele Hauben einer besitzt, mit wie vielen Krebsen, Hummern und Trüffeln ein Vorratsraum ausgestattet ist. „Ein guter Koch kann einfach aus dem Stegreif mit den angebotenen Waren etwas herstellen", ist Willi Haider überzeugt. Kein Wunder also, dass er sich nicht zu gut, sondern gut genug ist, allmonatlich dem Megaphon Geheimnisse aus seiner Küche preiszugeben. Dazu gehört auch das Preisniveau der gewählten Speisen – zum einen durch die konkrete Vorgabe, mit dem durchschnittlichen Budget eines Sozialhilfeempfängers ein passables Menü auf den Tisch zu zaubern, zum anderen um zu demonstrieren, dass nicht nur gut schmeckt, was teuer ist.

Willi Haiders laufende „kulinarische Wortspenden" haben sich allmählich nicht nur zu einer fixen und beliebten Kolumne des Megaphon entwickelt, sie ergeben insgesamt bereits eine ansehnliche Sammlung an einfachen und preiswerten Rezepten. Anlass genug also, diese nun in wesentlich erweiterter Form herauszugeben.

Dabei stand uns der heimische Starkoch und erfahrene Herausgeber von Kochanleitungen in verschiedensten Formen – vom steirischen und österreichischen Kochbuch bis zu regelmäßigen Publikationen seiner Tipps in Zeitschriften und im Internet – mit hilfreichen Tipps und Anleitungen zur Seite. Denn ganz im megaphonischen Sinne sollte hier kein kulinarischer Ratgeber entstehen, der mit hochglänzenden Farbfotografien protzt und mit Zutaten spielt, die sich höchstens im Delikatessenladen finden lassen. „Das Geheimnis liegt viel mehr in der Kunst auch mit wenig Erfahrung und wenig Budget etwas auf den Tisch zaubern zu können", fasst Willi Haider den grundlegenden Ansatz für das vorliegende Kochbuch zusammen. Dazu gehören auch die vielen hilfreichen Tipps durch den

Fachmann, denn „jedes Rezept birgt im Detail kleine Fehlerteufel. Wenn man die nicht erkennt, dann ist auch das beste Rezept manchmal unbrauchbar."

Willi Haider enthält uns dabei auch grundlegende Überlegungen zu seiner erfolgreichen Küche nicht vor. Die Dinge, die über die Qualität eines Essens entscheiden, sind seiner Ansicht nach vielschichtig. „Nach einer dreistündigen Wanderung kann ein Butterbrot mit Radieschen besser schmecken als jedes Drei-Sterne-Menü in gelangweilter Tischrunde." Die Speise selbst, das Umfeld, die Atmosphäre, aber auch die richtige Temperatur und nicht zuletzt der Appetit machen ein Gericht erst richtig gut. Und ohne Freude und Zeit für das Kochen könne man 50 Prozent an Genuss ohnehin gleich wegrechnen. Ein gutes Essen im Sinne Haiders spricht demnach alle Sinne an.

Besonderen Wert legt er auch auf die Verarbeitung heimischer Produkte. Nicht zufällig folgt daher das vorliegende Buch in der Rezeptanordnung dem jahreszeitlichen Ablauf. Denn obwohl es selbst Erfahrenen wie Willi Haider nicht immer leicht fällt, festzustellen, was wirklich Saison hat, steht für ihn die heimische Küche mit den ihr zugrunde liegenden Zutaten im Mittelpunkt seiner Kochkünste. „Jede Küche hat einen standortbezogenen Sinn. Man braucht daher nicht glauben, dass man gesünder lebt, wenn man das Beste aus allen Küchen in unsere Stresswelt überträgt. Die Apotheke wächst ums Haus."

Was nicht bedeutet, dass er sich Einflüssen von außen völlig verschließt. Gerade die österreichische Küche vertrage traditioneller Weise viel Fremdes. Von Böhmen über den pannonischen Raum bis zum Mittelmeer reicht da der Einfluss auf das, was tagtäglich auf österreichischen Tischen kredenzt wird. Wogegen Willi Haider sich jedoch vehement verwehrt, sind kurzlebige Ernährungstrends und eine „Ethno-Fast-Food-Küche", die sich dem Zeitgeist verschrieben haben. „Dabei bleibt leider so manches traditionelle Gericht auf der Strecke, weil es einfach aufwendiger und zeitintensiver zuzubereiten ist." Als Vertreter einer solchen Auffassung gelte man heutzutage schon als Exote. Das vorliegende Buch erzählt daher von einer bunten Vielfalt auf der Basis heimischer Zutaten und Rezepte. Bei seiner Lektüre und der Umsetzung in Ihrer eigenen Küche wünschen wir jedenfalls viel Spaß und ein gutes Gelingen.

www.kochschule.at

Gesund und fleischlos:
celery's_the juice bar

Gesundes in Form feiner vegetarischer Kost und verschiedener Obst- und Gemüsesäfte kredenzen Sabina Hörtner und Christine Wassermann, deren berufliche Heimat eigentlich die Kunst ist, im „celery's". In der aufgelassenen Tankstelle der ehemaligen „Postgarage" betreiben die beiden in angenehmer Wohnzimmeratmosphäre eine „juice bar", die mehr als ein paar ausgequetschte Orangen zu bieten hat. Inspiration für das Lokal – gesund und fleischlos, Treffpunkt und Rückzugsort – waren dabei amerikanische Vorbilder, in der Praxis hat das Lokal mit Amerika nur wenig zu tun. Dafür fühlen sich die Betreiberinnen zu sehr dem Standort ihres Lokals im Grazer Griesviertel verbunden.

Von den reichhaltigen, aus Gemüse und Früchten hergestellten Säften, wird man zwar auch ziemlich satt. Dennoch legen die ambitionierten Geschäftsführerinnen täglich Hand in der Küche an und bieten eine vielseitige und abwechslungsreiche vegetarische Kost, die – besonders in Graz – ihresgleichen sucht. „Man soll zufrieden und nicht nur satt aus dem Lokal gehen", lautet dabei das Grundmotto. Inspiriert von der internationalen Küche, der Lage des „celery's" im nationalitätenreichsten Herzen von Graz und dem was gerade Saison hat, ist den beiden Köchinnen besonders die Frische und Qualität ihrer Zutaten wichtig.

Der multiethnische Charakter der Umgebung beeinflusst den Speisenplan des „celery's" dabei in verschiedener Hinsicht. Zum einen durch die vielen interessanten Geschäfte in der unmittelbaren Nachbarschaft, die nicht nur Exotisches aus dem türkisch/arabischen, asiatischen oder afrikanischen Raum zu bieten haben, sondern auch in ihrer Preisgestaltung nicht zu verachten sind. Internationale Küche beschränkt sich hier nicht auf Unerschwingliches und schwer Beschaffbares, sondern reflektiert einen lustvollen Umgang mit dem, was die Nachbarn so anzubieten haben. Sicher keinen Kaviar, keine Räucherlachse und Trüffel, dafür Süßkartoffeln, Couscous, Oliven, Sesamöl und Schafskäse ...

Nachdem die ÖsterreicherInnen die vegetarische Küche bekannterweise nicht gepachtet haben und hierzulande Gemüsestrudel und gebackene Champignons schon als die Höhepunkte fleischloser Kost in den Speisekarten angesehen werden können, ist der Blick in die Kochtöpfe jenseits unserer Grenzen mehr als naheliegend.

Besonders die arabische und indische Küche bieten da Einiges an variantenreichen Alternativen, die den Gaumen gerne dem Schweinsbraten untreu werden lassen. Linsen, Kichererbsen, Getreide und vor allem viel frisches Gemüse gehören dabei zu den Grundfesten der vegetarischen Menüs im „celery's". Dass Essen so ganz ohne Fleisch auf Dauer fad schmeckt, bleibt beim Nachkochen der folgenden Rezepteauswahl und nach einem Test im gemütlichen Ambiente des Lokals – oder in Anspruchnahme des mobilen Einsatzdienstes an jedem anderen Ort – nur mehr Klischeevorstellung einer unverbesserlichen Leberkäsefraktion. Feine Saucen und Gewürze wie Kreuzkümmel, Kurkuma, Kardamom und Ingwer sorgen dafür, dass es weder beim Kochen noch beim Essen langweilig wird.

Naheliegend daher auch, nicht nur sich in den Mittelpunkt des Kochgeschehens zu rücken, sondern auch andere Köche zur Mitarbeit einzuladen. Immer wieder präsentieren auf diese Weise Gastköche im „celery's" kulinarisch Heimatliches – mitunter auch an den regelmäßig stattfindenden Kulturabenden, an denen einer ganzen Community Raum für mehr als eine Kostprobe eingeräumt wird. Einige der ins vorliegende Buch eingegangenen Rezepte – aus Afrika, der Türkei und der Slowakei – haben an solchen Abenden bereits eine illustre Gästeschar überzeugen können. Die einfachen Anleitungen, die ohne großen zeitlichen und finanziellen Aufwand zu bewältigen sind, erleichtern außerdem ein Gelingen der Gerichte am eigenen Herd. Viel Erfolg bei Ihrer kulinarischen Fernreise!

celery's_the juice bar
8020 Graz, Dreihackengasse 42
Mo – Fr 9 – 17 Uhr
www.celerys.org

Kochen nach den vier Jahreszeiten

Wer schmackhaft, gesund und preiswert kochen will, sollte sich die Produkte der entsprechenden Jahreszeit und Region zu Nutzen machen. Das Angebot der Supermärkte ist schon lange nicht mehr abhängig von Jahreszeit und Gegend.

Durch Obst- und Gemüseimporte aus südlichen Ländern und Züchtungen aus einheimischen Glashäusern wird ganzjährig ein vielseitiges Produktangebot gewährleistet. Der Unterschied zwischen einer Winter- und Sommertomate ist optisch kaum noch feststellbar. Die Geschmacksnerven können jedoch nicht so leicht getäuscht werden. Die sonnenarme Aufzucht bzw. die langen Transportwege schlagen sich deutlich in Geschmack und am Kassenzettel nieder. Konsumiert man hingegen die Früchte der Saison, wird man merken, dass gesundes Essen nicht nur sehr schmackhaft, sondern auch preiswert sein kann.

In den letzten Jahren entstand, ausgelöst durch die steigende Zahl der Lebensmittelskandale, eine große Verunsicherung der Konsumenten. Der Weg eines Produkts von seinem Entstehungsort bis hin zum Supermarktregal ist kaum noch nachvollziehbar. Essen ist heute zunehmend Vertrauenssache. Die Medienpräsenz zahlreicher Ernährungsexperten stiegt beträchtlich. Ernährung ist ein Thema, das gegenwärtig mehr denn je öffentlich diskutiert wird. Es ist wichtig, bei all den Schockmeldungen und Ernährungsratschlägen nicht auf seine eigenen Bedürfnisse zu vergessen. Wir halten es hier mit Willi Haider, der zu mehr Genuss und Freude am Essen durch bewussteren Umgang mit dem Essen aufruft. Erlaubt ist was schmeckt! Man darf sich ruhig einmal ein Backhendl oder eine Schwarzwälderkirschtorte mit Schlag gönnen, wenn man sich Zeit dafür nimmt und das Essen mit allen Sinnen genießt.

Willi Haider empfiehlt drei Dinge, die Genuss ohne Reue versprechen:

Zeit

Abwechslungsreichtum

Auswahl der Produkte nach Saison
und regionalem Angebot

Frühling

Der Frühlingsbeginn ist am 21. März, dem Tag an dem Tag und Nacht gleich lang sind.

Der Frühling ist die Jahreszeit des Grünens, des Pflanzens und Blühens. Die Natur erwacht aus ihrem Winterschlaf und mit ihr die Tiere, die Pflanzen und der Mensch.

Viele Mythen und Religionen nehmen den Frühlingsbeginn, das wiedererlangte Gleichgewicht zwischen Licht und Dunkelheit zum Anlass für üppige Feste und Feiern. Das Christentum feiert beispielsweise am ersten Sonntag nach dem ersten Vollmond des Frühlings das Osterfest.

Die Frühlingsfeste, zu denen auch das Osterfest gezählt wird, sind aus alten naturreligiösen Traditionen heraus entstandene Dankesfeiern, denen der Sieg des Guten, Hellen über das Böse, Dunkle zugrunde liegt. Das jährliche, zyklische Neuerwachen der Natur im Frühling begründet und unterstreicht die religiösen Traditionen. Die langen, dunklen Nächte der Wintermonate, die Zeit der Entbehrung und des Fastens wird von einer Zeit der Vielfalt und des Reichtums abgelöst. Die Dunkelheit und das Böse, das täglich vom Sonnenaufgang und dem Guten besiegt wird, wurde beispielsweise im alten Ägypten als stetes Kräftemessen der positiven und negativen Sphären gesehen.

Mit dem Frühlingsbeginn ereignet sich auch im kulinarischen Bereich ein Neuanfang. Die ersten, frischen Kräuter und Früchte bereiten den Geschmacksnerven ein Freudenfest. Die schwere, gehaltvolle Winterkost wird vom leichten, vitaminreichen Frühlingsangebot abgelöst. Es ist sinnvoll, den Körper auf die Umstellung des Speiseplans durch eine Übergangsphase in Form einer kurzen Entschlackungskur vorzubereiten, um die für die kalten Monate wichtigen Stoffe auszuscheiden und Platz für den frischen Frühling zu machen. Ein angenehmer Nebeneffekt eines kurzen Nahrungsentzugs ist die Steigerung des Genusses bei Wiederaufnahme der Essenszufuhr. Die vielerorts zelebrierte Osterjause mit Geselchtem, Osterbrot und Kren, die traditionell nach der mitternächtlichen Auferstehungsmesse, landläufig jedoch schon im Verlauf des Karsamstags gegessen wird, schmeckt laut praktizierender „Faster" nach kurzer Askese doppelt so gut! (Andere Stimmen behaupten wiederum, dass man ein Radieschenbrot erst nach mehrtägigem, exzessivem Fleischkonsum richtig genießen kann.)

Die Tradition des Fastens entstand ursprünglich aus einer Situation der Nahrungsknappheit heraus. Die über die Wintermonate eingelagerten Nahrungsmittel waren nicht unbegrenzt verfügbar. So musste man bei besonders lang anhaltender Kälte und spät einsetzendem Tauwetter mit den Vorräten gut haushalten, um über die Runden zu kommen. Dadurch wurden die letzten Winter- und ersten Frühlingsmonate zur Zeit der Entbehrung und des Mangels.

Obwohl das ganzjährig ausgewogene Nahrungsangebot der Supermärkte auch im Winter ein scheinbar mangelloses Produktangebot suggeriert, bereitet uns der Einzug des Frühlings in die heimischen Regale, etwa in Gestalt eines frischen, steirischen Krauthäuptels oder in Form des ersten Blattspinats immer noch Freude.

Leichte Salate und Gemüsegerichte kombiniert mit Geflügel, Lamm oder Fisch und diversen Beilagen sind wichtige Bestandteile der Frühlingsküche. Kurze Garzeiten, Dämpfen, Dünsten und Blanchieren verleihen den so zubereiteten Speisen eine lebendige und leichte Qualität. Viele Zutaten, wie Holunderblüten und Wiesenkräuter können bei einem Spaziergang im Grünen, abseits von befahrenen Straßen gesammelt und zu Hause zu einem schmackhaften Gericht weiterverarbeitet werden.

Produktübersicht

Gemüse
Spinat, Spargel, Endivie, Kohl, Radieschen, Kopfsalat, Krauthäuptel, Vogerlsalat, Lauch, Sellerie, Rhabarber, Rosenkohl, Rettich, Löwenzahn, Bärlauch, Rucola, Artischocken

Obst
Apfel, Orange, Erdbeere, Kirsche, Johannisbeere, Himbeere, Ananas

Kräuter
Gänseblümchen, Schnittlauch, Kapuzinerkresse, Dillkraut, Liebstöckel, Minze, Gundelreben,

Sommer

Der Sommer beginnt am 21. Juni, mit dem längsten Tag und der kürzesten Nacht des Jahres. Die Sonnenstunden erreichen am 21. Juni ihren Höhepunkt und werden von diesem Tag an wieder kürzer.

Sommer ist die Zeit der Blüte und der Frucht, der Hitze und der langen Tage. Es ist die Zeit des Reichtums und der Fülle. Kraftvoll entfaltet sich die Vegetation, und die Pflanzen stehen in voller Pracht.

Ursprünglich wurde das Jahr nur in zwei Jahreszeiten eingeteilt. Den Winter, die Zeit der Kälte und den Sommer, die warme Zeit. Der Volksmund nahm es mit Beginn und Ende des Sommers nicht so kalendarisch genau. Man orientierte sich an der Natur und diversen Lostagen. Sobald der Boden aufgetaut und die Sonne stärker wurde, begann die Arbeit im Freien und somit der Sommer. Diese Periode war ursprünglich die arbeitsintensivste Zeit und ließ nicht viel Raum zum feiern, deshalb finden sich in Mitteleuropa im Sommer keine mit Ostern oder Erntedank vergleichbaren, traditionellen Feste.

Die christliche Tradition leitet den Sommer mit dem eher unbekannten, am 24. Juni stattfindenden Johannesfest ein. Es gab unzählige, heute zumeist in Vergessenheit geratene Bräuche und Riten rund um die Johannesnacht. So soll etwa das in der Johannesnacht geerntete Johanneskraut das Beste und Wirksamste sein, am Johannestag ausgerissene Disteln nicht mehr nachwachsen und das Wetter des Johannestags die Wetterlage der kommenden Monate bestimmen.

Auch wenn uns die Historie keine größeren Feiertage vorgibt, so ist der Sommer doch die eigentliche Zeit des Feierns und Genießens. Laue Sommerabende bieten das perfekte Ambiente für gemütliche Picknicke, schwungvolle Gartenfeste und üppige Grillpartys. Egal ob in Parks, Gastgärten oder dem privaten Grün, die Natur wird zum Schauplatz für allerlei kulinarische Umtriebe. Gegrilltes Fleisch und Gemüse kombiniert mit frischen Salaten und erfrischenden Getränken lassen den Sommer erst so richtig zum Sommer werden.

An besonders heißen Tagen ist erhöhter Flüssigkeitskonsum und leichtere Kost ratsam. Wenn man etwa vor der Wahl zwischen Wienerschnitzel oder Grillkotelett steht, sollte man sich für das zweitere entscheiden.

Die österreichische Küche hat mit den Jahren zunehmend ihren Horizont über die Landesgrenzen hinaus erweitert und Anleihe an maritimen Rezepten genommen.

Kalte Suppen, griechische Salate oder feine Reis- und Nudelgerichte behaupten sich selbstbewusst neben Backhendl, Rindsgulasch und Kaiserschmarren.

Große Hitze strengt den Körper an. Die Ernährung in den Sommermonaten soll deshalb erfrischen, kühlen und vor allem nicht unnötig belasten. Zu bevorzugen sind Speisen mit einem hohen Vitaminanteil, die sich am unermesslichen und dadurch kostengünstigen Obst- und Gemüseangebot der Saison orientieren sollten.

Bitte achten Sie darauf, nicht einem weitverbreiteten Irrtum zu erliegen, indem Sie in guter Absicht große Mengen eisgekühlte Getränke konsumieren, denn kalt ist nicht gleich kühlend! Durch das Trinken von zu kalten Durstlöschern, wird die Körpertemperatur nur kurzfristig gesenkt. Der Körper erwärmt sich anschließend um so stärker und schneller. Unangenehme Nebenwirkungen von zu kalten Getränken können erhöhte Schweißproduktion, Halsschmerzen und Halskratzen sein. Sie müssen nicht gleich zum empfehlenswerten Tee greifen, es reicht schon, wenn Sie auf Eiswürfel verzichten.

Produktübersicht

Gemüse

Melanzani, Karfiol, Fissolen, Broccoli, Erbsen, Kohlrabi, Paprika, Pfefferoni, Gurke, Karotten, Bohnen, Tomaten, Kohl, Mangold, Zwiebel, Scharloten, Artischocken, Zuckermais, Zucchini, Radicchio, Eierschwammerl, Steinpilze, Herrenpilze, Champignons, Parasol

Obst

Marillen, Nektarinen, Zwetschgen, Birne, Äpfel, Brombeeren, Heidelbeeren, Himbeeren, Pfirsich, Stachelbeeren, Weintrauben, Mirabellen, Melonen, Holunder, Preiselbeeren, Feige

Kräuter

Thymian, Salbei, Rosmarin, Petersilie, Basilikum, Schnittlauch, Zitronenmelisse, Kerbel, Oregano, Minze, Kamille, Ringelblume, Bohnenkraut, Eibisch

Herbst

Herbstbeginn ist der 23. September. Tag- und Nachtstunden halten sich erneut die Waage. Der Herbst ist die Zeit des Erntens und Einlagerns. Die Pflanzen reifen, die Säfte und Lebenskräfte ziehen sich mehr und mehr ins Innere zurück. Die Bäume beginnen auszutrocknen, die Blätter verfärben sich und fallen ab. Die Tage werden kürzer, die Temperatur sinkt und der Altweibersommer beginnt. Es ist die perfekte Zeit für lange Spaziergänge und ausgedehnte Wanderungen.

Die Bezeichnung Altweibersommer ist ein Begriff aus dem Volksmund für eine Schönwetterperiode im September. Sein Ursprung führt weit zurück in die germanische Mythologie. Die Spinnweben, die durch den herbstlichen Tau deutlich erkennbar werden, zeigen nach altem germanischen Glauben das Wirken der „Nornen", der alten Schicksalsgöttinnen, die an den Lebensfäden der Menschen spinnen. Weil diese Spinnfäden so silbrig glitzerten, glaubten früher die Leute, alte Weiber hätten diese „Haare" beim Kämmen verloren. Deshalb nannten sie die Zeit der Silberfäden „Altweibersommer". Während des Altweibersommers merkt man deutlich den Übergang von der sommerlichen zur winterlichen Witterung. Manchmal sind die Nächte bereits empfindlich kalt und es kann sogar vereinzelt erste Bodenfröste geben. Dieses Wetterphänomen kennt man auch in Nordamerika. Dort nennt man die milden Herbsttage Indian Summer.

Der Herbst ist die Zeit der Ernte. Das Erntedankfest ist eines der ältesten Feste und wurde bereits in vorchristlicher Zeit gefeiert. Die Menschen wollten damit den Göttern beim Abschluss des Einbringens der Ernte ihren Dank für die Reifung der Pflanzen aussprechen. Auch heute noch werden in ländlichen Gegenden Prozessionen mit aufwendig gestalteten Kornkronen abgehalten.

Ein weiteres Herbstfest ist Sankt Martin, das am 11. November gefeiert wird. Dieses Fest ist vor allem für Kinder und Ganserlgourmets ein Highlight. Der Brauch des Verspeisens einer Gans zu Sankt Martin entwickelte sich aus einer Erntedanktradition. Die Gans verkörperte ursprünglich die Fülle der Natur. Man glaubte durch das Verspeisen des Tieres dessen Eigenschaften übernehmen zu können. Heute ist der Ganserlschmaus ein beliebtes Gourmetfest, das von vielen Restaurants in der Zeit um den 11. November mit raffiniert zubereiteten Ganserlgerichten zelebriert wird.

In den letzten Jahren hielt ein neues, altes Herbstfest bei uns Einzug. Mitte des 19 Jhs exportierten irische Auswanderer den Halloweenbrauch nach Amerika und heute ereignet sich ein Reimport des alten keltischen Fests. Das geheimnisvolle Herbstfest Halloween, leitet nach keltischem Brauch die dunkle, kalte Jahreszeit ein. Der Ausdruck Halloween stammt von „All Hallows Night", der Nacht vor dem Feiertag „All Hallows", unserem Allerheiligen am 1. November. Der Herbst galt als Jahreszeit der Geister. Herumspukende Seelen sollten mit Hilfe von kleinen Opfergaben besänftigt werden. Die christliche Tradition der Gräbersegnung mit Kerzen und Weihwasser dient ebenfalls der Besänftigung verirrter Seelen.

Kulinarisch ist der Herbst die Zeit der Gänse- und Wildgerichte, des Kürbisgemüses und der gefährlichen Sturm-Maroni Kombination. Wenn sich die eifrigen HobbykonditorInnen in den Herbstmonaten an die Zubereitung der kunstvollen Weihnachtsbäckereien machen, beginnen in vielen Küchen die Backrohre zu duften und eine leichte Vorahnung auf die Adventzeit macht sich breit. Wenn dann noch der Weihnachtsmarkt mit Glühwein und Glühmost lockt, der Weihnachtsmann aus den Einkaufszentren lacht, nähert sich in großen Schritten der Heilige Abend. Wenn Sie sich jedes Jahr sagen, Weihnachten soll ein stressloses Fest der Zwischenmenschlichkeit sein, es aber nie schaffen, diesen Vorsatz in die Tat umzusetzen, sollten Sie sich nicht wehrlos dem Konsumwahn ergeben, sondern diesem nach Willi Haiderscher Koch-Manier mit einer beschaulichen Adventgulasch-Verspeisung im Kreis ihrer Lieben bewusst entgegenwirken.

Mit der kalt-feuchten Witterung des Herbstes nimmt die Kälte in der Natur zu und damit auch die Erkältungsanfälligkeit. Scharf-warme Speisen und Gewürze stärken unsere Abwehr. Empfehlenswert sind länger gekochte und gebackene Speisen, die unseren Körper stärken und damit seine Abwehrkraft festigen.

Produktübersicht

Gemüse
Kürbis, Zuckermais, Endivie, Kohl, Rote Rüben, Kartoffeln, Fenchel, Sellerie, Kraut, Karotten, Knoblauch, Zwiebel

Obst
Apfel, Birne, Zwetschge, Traube, Orange, Mandarine, Nüsse, Datteln, getrocknete Feigen, Pistazien, Maroni

Kräuter
Getrocknete oder eingefrorene Kräuter
Zimt, Ingwer, Pfeffer, Muskat, Curry, Kakao, Kümmel, Anis, Fenchel, Thymian, Rosmarin

Winter

Winterbeginn ist der 21. Dezember, der Tag mit der längsten Nacht des Jahres. Von diesem Zeitpunkt an beginnen die Tage wieder länger zu werden. Es ist die Zeit der großen Kälte und der dunklen Nächte. Das Leben schlummert verborgen in den Samen, Wurzeln und Knollen.

Die enorme Brauchtumsvielfalt zur Winterzeit ist aus der Sonnensehnsucht der Menschen entstanden. Die Wiederkehr der Sonne, die für die Menschen eine tiefe existentielle Bedeutung hatte, war Anlass für Umzüge, Tanz und große Freude. In allen alten europäischen Religionen gab es in den Tagen zwischen 21. und 25. Dezember aufwendige Feste. Die Anhänger des Mithraskults feierten am 25.12. den Geburtstag ihrer Sonnengottheit Mithra. Die Römer begingen ihre feierlichen Saturnalien zu Ehren des Sonnengottes Saturn an diesem Tag. Als das Christentum Staatsreligion im römischen Reich wurde, löste das Weihnachtsfest den Mithraskult und die Saturnalien ab.

Die Germanen feierten zur Wintersonnwende ein Toten- und Fruchtbarkeitsfest, das Mittwinter- oder Julfest genannt wurde. Der Name Weihnachten geht in seiner Entstehungsgeschichte auf die Mittwinternächte, die „zu wihen nahten" (zu den Heiligen Nächten) zurück. Auch die Tradition des Weihnachtsbaums kommt aus der germanischen Religion, in der es Brauch war, während der Mittwinterzeit das sogenannte „Wintermaien", das aus Obst- und Tannenzweigen bestand, ins Haus zu holen. Davon versprach man sich Schutz und Fruchtbarkeit. Das Mittwinterfest war ein ausgesprochen ausgelassenes, feuchtfröhliches, lautstarkes Treiben. Die christlichen Missionare verboten die alten Traditionen und riefen statt derer die stille, besinnliche Weihnachtszeit aus.

Silvester am 31. Dezember ist der letzte und der 1. Jänner der erste Tag des Jahres. Die Bezeichnung Silvester rührt vom Tagesheiligen Papst Silvester I her. Beim Feiern des Jahreswechsels vermischen sich weltliche Traditionen mit abergläubischem Volksbrauchtum. Im alten Rom fanden zu diesem Anlass ausgiebige Feierlichkeiten mit Ess-, Trinkgelagen und Opfergaben statt. Die vielfältigen kulinarischen Bräuche zum Jahreswechsel sind häufig mit abergläubischen Vorstellungen verbunden. So soll man am Neujahrstag kein Geflügel essen, damit das Glück im neuen Jahr nicht davon fliegt.

Am Dreikönigstag hat die von 1. Dezember bis 6. Jänner dauernde Weihnachtszeit ihr offizielles Ende. In vielen Familien werden an diesem Tag die Kerzen am Weihnachtsbaum zum letzten Mal angezündet. Das Schreiben der Buchstaben C+M+B an die Haustür soll im neuen Jahr alles Übel von Unterkunft und Bewohnern abwenden. Caspar, Melchior und Balthasar, die drei Weisen aus dem Morgenland, geben dem Brauch den Hintergrund.

Das ausgelassene Treiben der Faschingszeit kündigt das Ende des Winters an. Der Fasching hat die Aufgabe die bösen Wintergeister zu vertreiben und den

Frühling einzuleiten. Früher war der Fasching die einzige Zeit des Jahres, in der es möglich war, öffentlich Kritik an Kirche und Adel zu üben, ohne dafür zur Rechenschaft gezogen zu werden. Das aus dem Italienischen kommende Wort Karneval, „carne vale!" (Fleisch lebe wohl!) ist ein Abschiedsruf vor der am Aschermittwoch beginnenden entbehrungsreichen Fastenzeit.

Die dunkelste Zeit des Jahres ist kulinarisch gesehen die Zeit der üppigsten Feste. Egal ob Süßes in Form von Keksen, Früchtebrot und Krapfen, oder Pikantes wie Putenbraten, Schweinekopf und Heringsalat, es ist für jeden Geschmack das Richtige dabei.

Die Ernährung in dieser Jahreszeit soll den Körper vor allem erwärmen, weshalb ungekochte Speisen, kalte Getränke und thermisch kalte Nahrungsmittel wie etwa Südfrüchte nicht empfehlenswert sind. Bevorzugt werden sollten hingegen süß-warme Speisen, die den Verdauungstrakt stärken und wärmen, sowie scharf-warme und scharf-heiße Gewürze wie beispielsweise Zimt, Ingwer, Pfeffer, Muskat, Curry und Kakao. Kälteempfindlichen Menschen sind darüber hinaus Fleisch, insbesondere Huhn, Rind und Lamm und lang gekochte Fleischsuppen zu empfehlen.

Produktübersicht

Gemüse
Chicorée, Lauch, Weiße Rüben, Rote Rüben, Weißkraut, Sauerkraut, Rotkraut, Chinakohl, Kartoffel, Karotten, Sellerie, Kürbis, Zuckerhut, Endivie, Linsen, Bohnen

Obst
Äpfel, Kletzenbirne, Nüsse, Mandeln, Dörrobst, Orangen, Mandarinen, Datteln, Pistazien, getrocknete Feigen, Rosinen

Kräuter und Gewürze
Eingefrorene und getrocknete Kräuter
Zimt, Ingwer, Pfeffer, Muskat, Curry, Kakao, Kümmel, Anis, Fenchel, Thymian, Chilli, Kardamom, Koriander, Gewürznelken

Was können wir schon schmecken,
das wir nicht vorher schon mit unseren Augen
begriffen haben?
Der Grazer Fotograf Max Wegscheidler
alias mrs-lee.com, ein langjähriger
Weggefährte des MEGAPHON, war mit
seiner Kamera für dieses Kochbuch
in Graz unterwegs.
Seine Fotoreportage zeigt Orte und
Stimmungen, die allen vertraut sind,
denen Kochen in der Stadt ein Anliegen ist:
auf den heimischen Bauernmärkten,
in ausländischen Nahversorgungs-Läden,
in Lagerhallen.

Kommen Sie mit!

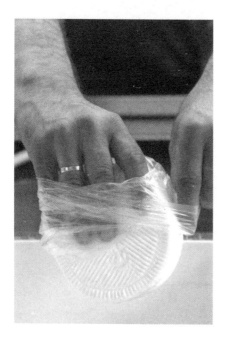

Rezepte

Suppen / Vorspeisen

Frühlingsrezepte   ab Seite 46

Bärlauchsuppe mit Seehecht und Erdäpfeln
Brennessel-Suppe (Ägypten)
Kokos-Zitronen-Suppe mit Ingwer (Thailand)
Löwenzahnsalat mit Joghurt und Walnüssen (palästinensisch)
Röhrlsalat mit Erdäpfeldressing und gebratenen Putenbruststreifen
Wiesenkräutersalat mit Erdäpfeldressing und gebratenen Hühnerflügerln

Sommerrezepte   ab Seite 54

Arabische Vorspeisen:
    Baba Ganoush (Melanzani-Püree)
    Cacik (Joghurt mit Gurke und Knoblauch)
    Hummus Tahina (Kichererbsencreme)
    Schafkäsecreme mit Minze
Balkan-Hirtensalat
Getreiderisotto mit Gemüse
Kalte Gurkensuppe mit Paradeiswürfeln
Karamellisierte Zwiebeln
Linsensalat mit Tomaten, Paprika und frischer Minze
Okrasalat – Salada de Quiabo (Brasilien)
Polentascheiben mit Paradeisragout
Mariniertes Gemüse:
    Peperonata (Marinierte Paprika)
    Marinierte Melanzani und Zucchini
    Eingelegte Zwiebel (süß-sauer)
Tarator (kalte Gurkensuppe, Balkan)

Herbstrezepte   ab Seite 69

Kürbis-Joghurt-Suppe mit Safran
Nudelsalat mit Fenchel und Orangen
Rievkooche (Reibekuchen)
Süßkartoffelsuppe mit Sellerie und Karotten (Brasilien)

Winterrezepte   ab Seite 74

Linsensuppe mit Kokosmilch und Limettensaft
Mangold-Joghurt-Suppe (Libanon)
Salat vom Matjeshering mit Zwiebeln und Apfel
Haxelsulz

Bärlauchsuppe mit Seehecht und Erdäpfeln

(2 Portionen)   Insgesamt: 2,38 EUR

Zutaten:

150 g tiefgekühlten Seehecht	1,38 EUR
Suppe von Fischabschnitten, Rindsuppe/notfalls Suppenwürfel	0,22 EUR
0,1 l Obers	0,36 EUR
250 g mehlige Erdäpfel	0,17 EUR
5 – 8 Stück Bärlauchblätter	0,25 EUR
Salz	

Zubereitung:

Tiefgekühlten Seehecht auftauen und in kleine Würfel schneiden, mit Salz würzen und in der Suppe ca. 10 Minuten ziehen lassen. Fischstücke in heiße Teller geben, Suppe mit Obers, geschnittenen Bärlauchblättern und gekochten Erdäpfelwürfeln in einem Turmmixer sämig aufmixen. Mit Salz abschmecken und um bzw. neben den Fisch in den Teller gießen. Restliche Erdäpfelwürfel und Bärlauchstreifen darüber streuen.

(ὡ) TIPP

Falls vorhanden mit gerösteten Knoblauchbrotwürfeln bestreuen.
Man kann anstelle von Seehecht sämtliche andere Fischfiletstücke verwenden.
Die Bärlauchblätter können mit Kresse variiert werden.

Anmerkung: Der Bärlauch oder wilde Knoblauch aus der Familie der Liliengewächse ist mit seinen maiglöckchenähnlichen hellgrünen Blättern an Bachufern und in lichten Au- und Laubwäldern zu findet. Die Blätter wachsen von Anfang Feber bis Mitte März und verschwinden wieder gegen Mitte Juni, nach der Samenreife. Die Hauptblütezeit des Bärlauchs ist der Monat Mai.
Vorsicht beim sammeln! Bärlauch sieht den giftigen Maiglöckchenblätter sehr ähnlich, daher im Zweifelsfall ein Blattstück zwischen den Fingern zerreiben und daran riechen. Der intensive Knoblauchgeruch identifiziert den Bärlauch eindeutig.
Der Bärlauch hat die beste Qualität, wenn man ihn vom Erscheinen der Blätter bis kurz vor der Blüte erntet. Hauptsächlich die Blätter des Bärlauchs gelten als delikates Wildgemüse und Gewürz. Durch seine ätherischen Öle ist Bärlauch sehr gesund.

46

Brennesselsuppe

(4 Portionen)

(Ägypten)
Insgesamt: 2,96 EUR

Zutaten:

1 große Zwiebel	0,10 EUR
100 g Lauch	0,15 EUR
100 g Champignons	0,15 EUR
60 g Margarine od. Sonnenblumenöl	0,14 EUR
300 g frische, junge Brennessel	1,50 EUR
1 l Gemüsesuppe	0,30 EUR
1 EL Maisstärke (Maizena)	0,01 EUR
einige Spritzer Sojasauce	0,01 EUR
Salz	
2 Scheiben Vollkorn- od. Fladenbrot vom Vortag	0,10 EUR
4 EL Schnittlauch, feine Röllchen	0,50 EUR

Zubereitung:

Zwiebel schälen und fein würfeln. Den Lauch gut waschen, Champignons putzen und beides in feine Streifen schneiden. Zwiebel, Lauch und Champignons in der Hälfte der Margarine 5 Minuten braten. Brennesseln waschen, die Stiele entfernen. Die Zwiebel mit der Gemüsesuppe aufgiessen, die Brennessel hinzufügen, aufkochen und bei schwacher Hitze 20 Minuten kochen lassen. Die Maisstärke in einem Schöpfer Suppe auflösen und unter die Suppe rühren. Suppe noch einmal kurz aufkochen und mit Sojasauce und Salz abschmecken. Brot in Würfel schneiden und in der restlichen Margarine goldbraun rösten. Kurz vor dem Servieren auf die Suppe geben und mit dem Schnittlauch garnieren.

(ಟಿ) TIPP

Eine Handvoll Wildkräuter machen die Suppe noch nahrhafter und vitaminreicher.

Anmerkung: Die Brennessel ist eine alte Heilpflanze mit einer Reihe wertvoller Wirkstoffe wie Eisen (blutbildend), Vitamin A und E, Mineralsalzen, Magnesium, Kalzium... Die junge Brennessel wirkt reinigend und entschlackend auf den ganzen Organismus. Sie stimuliert die Verdauungsdrüsen (in Magen, Darm, Bauchspeicheldrüse, Leber, Galle) und ist somit wie der Löwenzahn ein ideales Gemüse für die ersten Frühlingstage!

Gekocht im celery's

Kokos-Zitronen-Suppe mit Ingwer (Thailand)

(4 Portionen)   Insgesamt: 2,01 EUR

Zutaten:

200 g Kokosflocken	0,20 EUR
500 ml Gemüsesuppe	0,15 EUR
1/2 TL Kurkuma	0,02 EUR
abgeriebene Schale von einer ungespritzen Zitrone	0,30 EUR
7 dünne Ingwerscheiben	0,06 EUR
Salz	
400 g Champignons	1,20 EUR
1 EL Zitronensaft	0,08 EUR

Zubereitung:

Die Kokosflocken mit 600 ml Wasser zum Kochen bringen, gleich weg-
stellen und 15 Minuten ziehen lassen. Ein Sieb mit einem Küchenhandtuch
auslegen, die Kokosflocken mit der Flüssigkeit hineingiessen, dabei die
Flüssigkeit auffangen. Abtropfen lassen und gut auswringen. Die Kokosmilch (ca. 500 ml) und die Gemüsesuppe zum Kochen bringen, 3 Minuten
leicht kochen. Kurkuma, Zitronenschale und Ingwer hinzufügen, mit Salz
abschmecken. Suppe kurz aufkochen lassen, die ganzen Champignons
dazugeben und zugedeckt 20 Minuten bei schwacher Hitze kochen.
Suppe vom Herd nehmen und den Zitronensaft unterrühren.

(ٿ) TIPP

In Thailand ist die Zugabe von einigen Shrimps sehr beliebt!

Gekocht im celery's

Löwenzahnsalat mit Joghurt und Walnüssen

(palästinensisch)

(4 Portionen)   Insgesamt: 4,22 EUR

Zutaten:

500 g junge Löwenzahnblätter	3,65 EUR
1/2 Knoblauchzehe	0,01 EUR
100 g Joghurt	0,20 EUR
1 EL Zitronensaft	0,08 EUR
2 EL Olivenöl	0,08 EUR
Salz, frisch gemahlener schwarzer Pfeffer	0,05 EUR
50 g Walnüsse	0,15 EUR

Zubereitung:

Die Löwenzahnblätter gründlich waschen und in sehr feine Streifen schneiden. Eine Schüssel mit der Knoblauchzehe ausreiben. Joghurt, Zitronensaft, Öl, Pfeffer und Salz zu einer cremigen Sauce verrühren und über den Löwenzahn giessen. Die Walnüsse grob hacken und unter den Salat mischen.

(◌) **TIPP**

Löwenzahn wächst praktisch auf jeder Wiese und lässt sich ab März stechen. Die Wurzeln dieser in der Volksmedizin weitverbreiteten Wildpflanze enthalten noch mehr wertvolle Inhaltsstoffe als die zartgrünen Blätter (hauptsächlich ätherische Öle und Vitamin C). Dafür die glatten, festen, Wurzeln gründlich abbürsten und in feinen Scheiben unter den Salat mischen.

Gekocht im celery's

Röhrlsalat mit Erdäpfeldressing und gebratenen Putenbruststreifen

(2 Portionen)   Insgesamt: 2,40 EUR

Zutaten:

100 g Röhrlsalat (Löwenzahn)	0,73 EUR
1 mittelgroßer, mehliger Erdapfel	0,07 EUR
Apfelessig und etwas Suppe oder Wasser	0,07 EUR
Sonnenblumen- und etwas Kürbiskernöl	0,15 EUR
150 g Putenbruststreifen	1,38 EUR

Zubereitung:

Röhrlsalat putzen und in lauwarmem Wasser waschen (entzieht Bitterstoffe), gut abtropfen oder trocken schleudern.

Für die Marinade den gekochten Erdapfel schälen und heiß passieren, mit Essig und Öl zu einer sämigen Sauce rühren und wenn nötig mit Suppe oder Wasser verdünnen. Röhrlsalat mit dem Erdäpfeldressing abmachen und mit gewürzten und kurzgebratenen Putenbruststreifen anrichten.

Putenbrust in fingerdicke Streifen schneiden, mit Salz und Pfeffer würzen und rundum kurz anbraten. Hitze verringern und einige Minuten nachziehen lassen. Fertige Putenstreifen um den Salat herum anrichten.

Der Salat kann bei Bedarf mit gerösteten Kürbiskernen und Gänseblümchen dekoriert werden.

(◔) TIPP

Der Röhrlsalat sowie sämtliche andere bittere Salate verlieren durch warmes waschen oder verwenden einer warmen Marinade ihren bitteren Geschmack.

Anmerkung: Röhrl oder Löwenzahn ist ein 10-50 cm großes Kraut, das in ganz Mitteleuropa auch wild als Wiesenunkraut vorkommt. Die dunkelgrünen Blätter wachsen in kleinen Stauden. Der leicht bittere Löwenzahn ist kalorienarm, enthält viele Vitamine und Mineralstoffe, besonders Eisen, Vitamin A und C.
Löwenzahn kann roh als Salat oder auch wie Spinat gekocht zubereitet werden. Für Salate sollen nur junge, zarte Frühjahrspflänzchen verwendet werden. Ausgewachsene Pflanzen eignen sich nur zum verkochen und sollten vorher kurz blanchiert werden.
In Zeiten, als die Versorgung mit Frischgemüse und Salaten noch nicht das ganze Jahr über möglich war, wurde der Löwenzahn als erstes Grün und als Frühlingsbote in der Küche sehnlichst erwartet.

Wiesenkräutersalat mit Erdäpfeldressing und gebratenen Hühnerflügerln

(2 Portionen)   Insgesamt: 2,40 EUR

Zutaten:
100 g Wiesenkräuter (Schafgarbe, Sauerampfer, Löwenzahn, Brennnessel)
                                                             0,87 EUR
1 kleiner, mehliger Erdapfel   0,11 EUR
Apfelessig, Sonnenblumenöl und etwas Kürbiskernöl   0,29 EUR)
250 g Hühnerflügerl   0,98 EUR
1 Ei   0,15 EUR

Zubereitung:
Wiesenkräuter für Salat putzen und in lauwarmem Wasser waschen
(entzieht Bitterstoffe). Gut abtropfen oder trocken schleudern. Für die
Marinade den gekochten Erdapfel schälen und heiß passieren, mit Essig
und Öl zu einer sämigen Sauce rühren, wenn nötig mit Suppe oder Wasser
verdünnen. Wiesenkräutersalat mit der Erdäpfeldressing abmachen.

Die gewürzten Hühnerflügerln im 200° C heißen Rohr ca. 40 Minuten
backen. Die knusprigen Hühnerflügerln auf den mit gerösteten Kürbiskernen und Gänseblümchen dekorierten Salat platzieren und mit dem
gehackten, hartgekochten Ei bestreuen.

(◡) TIPP

Anstelle von Hühnerflügerln könnte auch eine Hühnerbrust verwendet werden, dabei
verkürzt sich jedoch die Bratzeit auf ca. 15 Minuten.

Anmerkung: Viele Pflanzen von naturbelassenen Wiesen sind nicht nur eine Augen-
weide, sondern können auch zu einer vitaminreichen Gaumenfreude werden.

Warum wir uns jetzt
noch mehr Zeit
für persönliche Beratung
nehmen können.

Ein neues Raum- und Beratungskonzept im Arbeitsmarktservice Steiermark bringt den Kundinnen und Kunden schnelleres und effizienteres Service. In der ServiceZone erhalten Sie finanzielle Leistungen und Vermittlung aus einer Hand. Dadurch bleibt mehr Zeit für persönliche Beratung in der neu geschaffenen Beratungs-Zone. Informieren Sie sich jetzt : **www. ams. or. at / stmk**

AMS. Verlieren Sie keine Zeit.

Baba Ganoush (Melanzani-Püree)

(4 Portionen)   Insgesamt: 2,21 EUR

Zutaten:

1 mittelgrosse Melanzani (eher rund als länglich)	0,80 EUR
1 Knoblauchzehe, gepresst	0,02 EUR
3 EL Tahin	0,12 EUR
Saft von 1/2 Zitrone	0,08 EUR
1 TL Kreuzkümmel, gemahlen	0,04 EUR
2 EL frische Pfefferminze od. Petersilie	0,50 EUR
Salz, frisch gemahlener schwarzer Pfeffer, 2 EL Olivenöl	0,15 EUR
1 Fladenbrot	0,50 EUR

Zubereitung:

Backrohr auf 200° C vorheizen. Die Melanzani waschen, unter mehrmaligem
Wenden 40-45 Minuten grillen, bis die Haut Blasen wirft und die Melanzani
weich ist. Mit kaltem Wasser abschrecken, abkühlen lassen und die Haut
abziehen. Das Fruchtfleisch grob hacken und in eine Schüssel geben.
Mit dem Stabmixer (oder Küchenmaschine) mit den anderen Zutaten zu
einer cremigen Paste pürieren. Bis auf 2 EL die Pfefferminze unter die
Paste rühren.
Den Dip auf einer Platte anrichten, mit den restlichen Minzeblättern
bestreuen und mit Olivenöl beträufeln. Dazu Fladenbrot reichen.

(ʊ) TIPP

Anmerkung: Tahin (Sesammus) wird aus zerriebenen Sesamsamen hergestellt.
Es ist sehr nahrhaft, reich an Calcium und Eiweiß (und Kalorien) und besonders gut
für Kinder geeignet. Tahin kauft man am besten in einem türkischen od. auch asiatischen Laden, wie andere Lebensmittel (zb Sojasauce) ist es dort billiger als im
Biogeschäft oder sortiertem Supermarkt.

Gekocht im celery's

Cacik/Zaziki (Gurken-Joghurt-Creme)

(4 Portionen)   Insgesamt: 2,14 EUR

Zutaten:

2 mittelgrosse Gurken	0,90 EUR
500 g Joghurt	1,00 EUR
2 Knoblauchzehen	0,04 EUR
Salz, frisch gemahlener Pfeffer, 2 EL Olivenöl	0,10 EUR
1 EL frisch gehackter Dill	0,10 EUR

Zubereitung:

Die Gurken schälen, grob reiben und in ein Sieb zum Abtropfen geben.
Mit einem sauberen Geschirrtuch Wasser gut auswringen, um das Joghurt
nicht zu verwässern.
Die ausgedrückten Gurkenstreifen mit den übrigen Zutaten vermischen
und im Kühlschrank gut durchziehen lassen. Mit Dill garnieren und einige
Tropfen Olivenöl drüberträufeln.

(ʊ) TIPP

Auf jeden Fall mindestens 3,6%iges Joghurt verwenden. Am besten wird die Creme
jedoch mit 10%igem Joghurt, das man etwa in türkischen Läden erhält. Eine persische
Variante verwendet Kefir statt Joghurt.

Anmerkung: Joghurt mit Gurken und Knoblauch ist im ganzen arabischen Raum und
in Mittelmeerländern verbreitet.

Hummus Tahina
(Kichererbsencreme mit Sesammus)
(4 Portionen)   Insgesamt: 1,18 EUR

Zutaten:

250 g Kichererbsen, über Nacht eingeweicht	0,28 EUR
1500 ml Wasser	
4 Knoblauchzehen	0,08 EUR
Saft von 2 Zitronen	0,30 EUR
50 ml Olivenöl	0,20 EUR
1 EL Tahin	0,02 EUR
1 TL Kreuzkümmel gemahlen, Salz, Pfeffer	0,10 EUR
Olivenöl, Rosenpaprika und Petersilie zum Garnieren	0,20 EUR

Zubereitung:

Die eingeweichten Kichererbsen abgießen, abtropfen lassen, mit dem
Wasser zum Kochen bringen und 1-2 Stunden weich kochen. Kichererbsen
abgießen, dabei 100 ml vom Einweichwasser auffangen. Die Kichererbsen
mit Knoblauch, Zitronensaft, Olivenöl, Tahin, Kreuzkümmel, Salz und
Pfeffer und dem Einweichwasser im Stabmixer zu einer glatten Paste
pürieren. Mit Olivenöl, Rosenpaprika und Petersilie garnieren.

(☉) TIPP

Anmerkung: Diese berühmte Paste ist ernährungsphysiologisch ein besonderes
Phänomen, da die Eiweißkombination Kichererbsen und Sesammus zusammen mit
Weizen (zb mit dem Fladenbrot) dem tierischen Eiweiß vollkommen gleichwertig ist.
So kann sich auch die ärmere Bevölkerung durch entsprechende Zusammenstellungen
vollwertig ernähren.

Gekocht im celery's

Schafkäsecreme mit Minze

(4 Portionen)   Insgesamt: 1,59 EUR

Zutaten:

250 g Schafkäse (Feta)	0,95 EUR
3 EL Olivenöl	0,12 EUR
1/4 TL Oregano	
1/2 kleine rote Zwiebel, fein gehackt	0,03 EUR
2 Knoblauchzehen, fein gehackt	0,04 EUR
3 EL Minze, fein gehackt	0,45 EUR
Pfeffer, einige Minzeblättchen	0,20 EUR

Zubereitung:

Den Schafkäse mit einer Gabel zerdrücken und mit dem Olivenöl zu einer glatten Paste verrühren. Oregano, Zwiebel, Knoblauch, gehackte Minze und Pfeffer dazugeben und gut vermischen. Mit ganzen Minzeblättchen garnieren.

Gekocht im celery's

Balkan-Hirtensalat

(4 Portionen)   Insgesamt: 5,53 EUR

Zutaten:

1 Bund Frühlingszwiebel	0,70 EUR
1 Bund glatte Petersilie	0,60 EUR
2 kleine Freilandgurken	1,00 EUR
3 grosse Tomaten	1,50 EUR
1 kleiner Kopf Römischer Salat od. Kopfsalat	0,73 EUR
50 g schwarze Oliven	0,13 EUR
5 EL Olivenöl	0,20 EUR
4 Pfefferoni (mild od. scharf)	0,09 EUR
100 g Schafkäse	0,38 EUR
Saft von einer Zitrone	0,16 EUR
Salz, frisch gemahlener schwarzer Pfeffer	0,05 EUR

Zubereitung:

Salat putzen und waschen. Die Blätter trockenschütteln, in Streifen schneiden und in eine Salatschüssel geben. Die Tomaten in Würfel schneiden, Gurken schälen und würfelig schneiden, Frühlingszwiebel in nicht zu feine Ringe schneiden. Die Pfefferoni längs halbieren, Kerne und Rippen entfernen, in Streifen schneiden. Petersilie waschen, trockenschütteln und grob hacken, alles zum Salat geben. Aus dem Olivenöl, dem Zitronensaft, 1 TL Salz und etwas Pfeffer eine Marinade rühren und über den Salat giessen. Alles gut vermischen, auf einer Platte oder Tellern anrichten. Die Oliven auf dem Salat verteilen, den Schafkäse fein reiben und drüberstreuen.

(ʊ) TIPP

Anmerkung: Bei diesem Rezept handelt es sich um die türkische Variante (Coban salatasi) des im ganzen Balkanraum beliebten Salates. Auch in Bulgarien wird der Schafkäse über den Salat gerieben (Sobska salata), beim griechischen Salat wird der Schafkäse in den Salat gebrökelt bzw. würfelig mit dem Salat vermischt.

Gekocht im celery's

Getreiderisotto mit Gemüse

(2 Portionen)   Insgesamt: 1,75 EUR

Zutaten:

ca. 100 g Getreide (Rollgerste, Heidenbrein, Dinkel, Perlweizen, eventuell auch gemischt)	0,44 EUR
2 EL Butter	0,29 EUR
Zwiebel, etwas Weißwein, Parmesan, Salz, Pfeffer	0,36 EUR
ca. 3/4 l Gemüsesuppe	0,22 EUR
ca. 250 g Gemüse	0,44 EUR

Zubereitung:

Variante A:
Eingeweichtes Getreide abseihen und mit Gemüsesuppe ca. 1 1/2 Std. langsam weich kochen. Das zuvor für die Gemüsesuppe gekochte und klein geschnittene Gemüse dazu geben und mit Butter und Parmesan abschmecken.

Variante B:
Eingeweichtes Getreide abseihen. Butter und Zwiebel andünsten, Getreide zugeben und mitdünsten. Mit Weißwein ablöschen. Wein verdunsten lassen und unter oftmaligem Rühren nach und nach die Suppe zugießen. Wenn das Getreide weich wird, Gemüse beigeben und kurz mitdünsten lassen. Laufend umrühren und zum Schluss mit Kräutern, Gewürzen und etwas frischer, kalter Butter und Parmesan vollenden.

---

(٥) TIPP

Anstelle von Getreide könnte Risotto-Reis, breiter Langkornreis (Aborio, Carnaroli oder Vialone) anstelle von Gemüse könnten Fische, Pilze, Geflügel, Innereien oder nur Käse, Kräuter, Safran oder Wein verwendet werden.

Anmerkung: Das Getreiderisotto kann mit nur einem Getreide alleine oder auch mit einer Getreidemischung zubereitet werden. Eingeweicht wächst das Volumen des Getreides um die doppelte Menge an.

Kalte Gurkensuppe mit Paradeiswürfeln

(2 Portionen) Insgesamt: 2,38 EUR

Zutaten:

1 mittelgroße Gartengurke
ca. 0,4 l Sauerrahm (Joghurt oder Buttermilch)
Salz, Pfeffer, Dille und etwas Knoblauch
1 Paradeiser

Zubereitung:

1 mittelgroße, geschälte, entkernte Gurke mit Sauerrahm (Joghurt oder Buttermilch) aufmixen (ein paar Gurkenstücke für die Einlage zurückbehalten).
Mit Salz, Pfeffer, Dille und etwas Knoblauch kräftig würzen.
Als Einlage eignen sich Gurkenstücke, Paradeiswürfel (Concassé*) und Dille.
Bei einem etwas größeren Budget können Shrimps oder Streifen von Räucherlachs dazu gegeben werden.

Variationen:

Kalte Suppen können ebenfalls aus pürierten Paradeisern mit Basilikum, gekochtem Spargel mit Kerbel oder gehackten Kräutern zubereitet werden.
Aufgespritzt mit Mineralwasser wird aus der Suppe ein erfrischender Aperitif.

*Concassé

Paradeiser an der Kuppe kreuzweise einritzen und ca. 20 Sekunden in kochendes Wasser geben. Kalt abschrecken, Haut abziehen, vierteln, entkernen und in Würfel (Concassé) oder Streifen schneiden, bzw. Dosenparadeiser grob hacken.

TIPP

Die Gurkensuppe sollte kühl jedoch nicht zu kalt serviert werden, da sie durch zu starke Kälte an Geschmack verliert.

Anmerkung: Die Gurke ist ein Kürbisgewächs, das aus Ostindien stammt. Frische heimische Gurken aus Freilandanbau werden von Juli bis September angeboten.
Man unterscheidet grob drei Gurkenarten:
Salatgurken (lang, schlank, glatte dunkelgrüne Schale – mit den meisten Vitaminen und Mineralstoffen; die Kerne müssen nicht entfernt werden);
Kochgurken (gedrungener, mit grün-gelber Schale; die festen Kerne werden im Allgemeinen entfernt; sie werden gekocht oder gebraten als Beilage verwendet und in der Regel geschält, da die Schale relativ fest ist);
Einlegegurken (kleine Sorten mit dunkelgrüner, genarbter Schale; Cornichons sind besonders kleine, junge und scharf gewürzte Einlegegürkchen).

Karamellisierte Zwiebeln

Eingesandt von Frank Lissy-Honegger
(2 Portionen)   Insgesamt: 1,44 EUR

Zutaten:
2 Zwiebeln
1/2 Glas Weißwein
1 Glas Suppe
1 guter EL Zucker

Zubereitung:
Zwiebel in Scheiben schneiden, in einer schweren Pfanne mit wenig Fett gelb werden lassen, mit Wein und Suppe ablöschen, auf kleiner Flamme kochen. Wenn kaum mehr Flüssigkeit da ist den Zucker zugeben und bei hoher Temperatur karamellisieren.
Mit getoasteten Weißbrotscheiben anrichten.

(ʊ) TIPP

Karamellisierte Zwiebel sind eine schmackhafte Beilage zu Lammfleisch, Gemüselaibchen und Omeletts.
Roher Zwiebel wird beim Stehen an der Luft bitter. Man kann sie mit etwas Säure (Essig oder Zitronensaft) haltbar machen.

Anmerkung: Die Zwiebel stammt ursprünglich aus dem Orient. Im alten Ägypten war sie Hauptnahrungsmittel. Die dicken, schalenförmigen Knollen sind von brauner, weißer oder dunkelroter Haut umgeben. Ihr Fleisch ist saftig, es enthält viel Vitamin C und ein ätherisches Öl, das für das Aroma und den Geruch verantwortlich ist. Weiße und rote Zwiebeln sind meistens milder als braune Sorten. Neben den mittelgroßen Würzzwiebeln werden in der Küche auch die sehr großen und milden Gemüsezwiebeln und die kleinen Perlzwiebeln verwendet, außerdem die milderen und sehr aromatischen Schalotten. Zwiebeln werden zum Würzen von Salaten, Suppen, Saucen, Braten und Marinaden verwendet. Als Gemüsebeilage werden sie gedünstet, gekocht oder gebraten, wofür die weißen und roten Sorten besonders gut geeignet sind. Die kleinen Perlzwiebeln werden auch in Essig eingelegt. Zum Würzen von Saucen sind Schalotten besonders empfehlenswert.
Zwiebeln werden das ganze Jahr über frisch angeboten, besonders gut sind sie von August bis November.

Linsensalat mit Tomaten, Paprika und frischer Minze

(4 Portionen)   Insgesamt: 3,41 EUR

Zutaten:

250 g grüne Linsen	0,28 EUR
1 Lorbeerblatt, 1/2 TL Zimt	0,05 EUR
1 rote Paprika	0,40 EUR
2 Tomaten	0,60 EUR
3 Frühlingszwiebeln, feine Ringe	0,42 EUR
4 EL Petersilie, fein gehackt	0,60 EUR
3 EL frische Pfefferminze, fein gehackt	0,45 EUR
1 TL Kreuzkümmel	0,04 EUR
1/2 TL Rosenpaprika	0,01 EUR
2 Knoblauchzehen, gepresst	0,04 EUR
Saft von 1/2 Zitrone	0,08 EUR
3 EL Essig	0,04 EUR
4 EL Olivenöl	0,04 EUR
Salz, frisch gemahlener schwarzer Pfeffer	0,03 EUR
1/2 Kopfsalat	0,35 EUR

Zubereitung:

Linsen mit einem 3/4 l Wasser zustellen, aufkochen lassen, Lorbeerblatt und Zimt dazu geben. Eine halbe Stunde kochen lassen, bis die Linsen weich sind. In der Zwischenzeit Paprika und Tomaten in kleine Würfel schneiden. Für die Marinade Kreuzkümmel, Knoblauch, Zitronensaft, Essig, Olivenöl, Salz und Pfeffer in einer kleinen Schüssel vermischen.
Die fertig gekochten Linsen abgiessen, mit Paprika, Tomaten, Frühlingszwiebeln, den Kräutern und der Marinade vermischen und eine Stunde ziehen lassen. Auf grünen Salatblättern anrichten und mit Fladenbrot servieren.

(☺) **TIPP**

Mit Melanzani-Püree, Cacik/Zaziki (Rezept Seite 55) und einigen Oliven eine schmackhafte, kalorienarme Sommermahlzeit!

Gekocht im celery's

Okrasalat – Salada de Quiabo (Brasilien)

(4 Portionen)   Insgesamt: 2,33 EUR

Zutaten:

300 g Okra	0,75 EUR
Salz	0,01 EUR
1 EL Apfelessig	0,03 EUR
1 Kopfsalat, zerteilt	0,73 EUR
1 Prise Zucker, 1 EL Rotweinessig	0,03 EUR
3 EL Olivenöl	0,24 EUR
1 Knoblauchzehe, fein gehackt	0,02 EUR
1 kleine Zwiebel, fein gehackt	0,08 EUR
2 EL Petersilie, fein gehackt	0,30 EUR
2 eingelegte Pfefferoni, schmale Streifen und 2 EL Flüssigkeit aus dem Pfefferoni-Glas	0,15 EUR

Zubereitung:

Die Okra waschen, den Stielansatz und die Spitze abschneiden. Wasser zum Kochen bringen, salzen und einen Schuss Essig hinzufügen und die Okra 3 Minuten kochen. Abgiessen und mit kaltem Wasser abschrecken, bis die Schoten wirklich kalt sind. Abtropfen lassen.

Für die Marinade den Rotweinessig mit Salz, Pfeffer und einer Prise Zucker verrühren, nach und nach das Olivenöl zugeben. Die Zwiebel, Knoblauch, Petersilie und Pfefferoni untermischen. In einer Schüssel die Okra mit der Marinade vorsichtig vermischen, einige Minuten durchziehen lassen und auf den Salatblättern anrichten.

(ʘ) TIPP

Noch schmackhafter wird dieser leichte Sommersalat mit reifen Tomatenwürfeln!

Anmerkung: Okra ist ein ursprünglich aus dem tropischen Teil Asien stammendes Hibiskusgewächs. In den arabischen Ländern und rund ums Mittelmeer, hauptsächlich in Griechenland und in der Türkei, ist Okra sehr beliebt (Okra mit Tomaten, Rezept S. 105). In der brasilianischen Küche wird der Schleim, der beim Kochen abgesondert wird, wird für das Binden von Suppen und Saucen sehr geschätzt. Frische Okra gibt es bei uns selten, am ehesten in türkischen oder asiatischen Läden.

Polentascheiben mit Paradeisragout

(2 Portionen)　　　　　　　　　　　　　　　Insgesamt: 2,34 EUR

Zutaten:

50 g Speckwürfel	0,73 EUR
1/2 Zwiebel	0,11 EUR
Schmalz	0,14 EUR
1/4 l Suppe und 1/8 l Milch (oder 3/8 l Wasser)	0,25 EUR
Salz, Pfeffer und Petersilie	0,25 EUR
100 g Polenta (hochgelb oder Maisgrieß steirisch gelb)	0,29 EUR
1/2 Dose Paradeiser (= 200 g)	0,29 EUR
Basilikum frisch oder Oregano	0,14 EUR
Butter oder Olivenöl	0,14 EUR

Zubereitung:

Feine Speckwürfel vom gekochten Jausenspeck mit etwas feingehacktem Zwiebel in Schmalz anrösten. Mit Suppe und Milch (oder 3/8 l Wasser) aufgießen und 3–4 Minuten einkochen lassen. Mit Salz, Pfeffer und Petersilie gut würzen.

100 g Polenta (hochgelb oder Maisgrieß steirisch gelb) einrühren und auf kleiner Flamme unter ständigem Rühren mit einem Holzlöffel im Uhrzeigersinn ca. 5 Minuten durchkochen, bis sich die Masse vom Topf löst. Bei weiterem Rühren etwas abkühlen lassen.

In geölte Alufolie (Folie doppelt nehmen und an den Enden umklappen) einrollen oder in eine geölte und mit Klarsichtfolie ausgelegte Rehrückenform füllen. Polentarolle über Nacht kaltstellen.

Für das Paradeiserragout die Dosenparadeiser abseihen, fein hacken, mit etwas Olivenöl oder Butter wärmen und mit Salz, Basilikum oder Oregano abschmecken. Polentarolle mit einem schmalen Messer aufschneiden und die Scheiben in Öl oder Schmalz anbraten oder über Dampf wärmen und mit Paradeiserragout oder Salat anrichten.

(ᵔ) TIPP

Besonders würzig schmecken die Polentascheiben, wenn sie mit Käse (z.B. Edelschimmelkäse wie Österkron) belegt und im Rohr überbacken werden.

Anmerkung: Maismehl für Polenta oder Sterz war Jahrhunderte lang die tägliche Nahrung der ärmeren europäischen Bevölkerung. Das grobe Mehl wurde mit Wasser zu einem Brei verkocht, dazu gab es ein wenig Milch, Gemüse oder etwas Schweinefett. Vor dem Aufkommen von Maismehl verwendete man Roggen, Gerste, Hafer, Weizen und andere Getreide. Der Mais stammt ursprünglich aus Südamerika und wurde nach der Entdeckung Amerikas in Europa angesiedelt.

Mariniertes Gemüse

(jeweils 2 Portionen)   Insgesamt (alle drei Varianten): 4,12 EUR

Peperonata (Marinierte Paprika)

Zutaten:

1 gelber Paprika, 1 roter Paprika ca. 200 g	0,73 EUR
1/16 l Olivenöl	0,25 EUR
Prise Salz	
1 – 2 Knoblauchzehen	0,04 EUR

Zubereitung:
Gelben und roten Paprika mit Sparschäler schälen, vierteln, entkernen und entsprechend klein schneiden, kurz blanchieren und in Eiswasser abschrecken.
Gut abtrocknen und mit 1/16 l Olivenöl, Prise Salz und 1 – 2 grob geschnittenen Knoblauchzehen langsam dünsten. Mit etwas Balsamicoessig oder Zitrone, Petersilie, Rosmarin oder Thymian und Peperoncini (Chilischoten) marinieren. Bei Bedarf mit Kaltgepressten Olivenöl begießen.

Marinierte Melanzani und Zucchini:

Anstelle von Paprika können auch gebratene Gemüse wie Zucchini (1 Stk. 0,51 EUR) und Melanzani (1 Stk. 0,73 EUR) verwendet werden.

Zucchini und Melanzani ca. 1/2 cm dick schneiden, gut einsalzen und ca. 1/2 Std. stehen lassen, gut abtrocknen, in griffigem Mehl wenden und in 1/16 l Olivenöl braun braten.
Mit Kräutern nach Wunsch würzen: Petersilie, Salbei, Majoran, Rosmarin u.a.

Wichtig: Gemüse noch im lauwarmen Zustand mit Zitrone oder Essig leicht säuern und mit Olivenöl sowie Kräutern marinieren.

Eingelegte Zwiebel süß-sauer

Zutaten:
für 1 Glas (1/2 l)

1/4 kg Schalotten oder Cippolini	0,73 EUR
15 g nicht kalt gepresstes Olivenöl	0,10 EUR
20 - 30 g Zucker	0,05 EUR
1/8 l Rotwein	0,38 EUR
0,1 l Rotweinessig 6 %, 2 cl Balsamico - Essig	0,30 EUR
1 Lorbeerblatt, 2 Knoblauchzehen, Rosmarin, Thymian, Salz	0,20 EUR
evtl. etwas kalt gepresstes Olivenöl	0,10 EUR

Zubereitung:
Geschälte Schalotten in 50 g Olivenöl anrösten, mit Zucker bestreuen und karamellisieren lassen, langsam weich schmoren, mit Rotwein, Rotweinessig und Balsamico ablöschen. Mit Lorbeerblättern, Knoblauch, Salz, Rosmarin und Thymian würzen.
Heiß in ein Glas füllen und mit kaltgepresstem Olivenöl randvoll auffüllen, verschließen und in einer Wanne auf einem Tuch auf den Deckel (auf den Kopf) stellen.
Kalt oder lauwarm als Beilage bzw. Vorspeise servieren.
Im Kühlschrank ca. 3 - 4 Wochen haltbar.

(ტ) TIPP

Zwiebeln lassen sich leichter schälen, wenn sie vor dem schälen für einige Minuten in lauwarmes Wasser gelegt werden.

Anmerkung: Das Haltbarmachen von Lebensmitteln war in der Vergangenheit eine überlebensnotwendige Kunst, um die kargen Wintermonate gut zu überstehen.
Mit Hilfe unterschiedlicher Techniken versuchte man das reichhaltige Obst- und Gemüseangebot der Sommer- und Herbstmonate vor dem Verderben zu schützen.
Die beliebtesten Konservierungsmethoden waren und sind:
Die Milchsäuregärung (Sauerkraut, Saure Rüben), das Dörren (Dörrobst, Pilze und getrocknete Kräuter) und das Einsalzen und Räuchern (Salami, Geselchtes).
In Adels- und Bürgerhäusern war es üblich Obst und Gemüse in Öl, Essig oder Alkohol einzulegen. Um 1900 entwickelten die Firmen Weck und Rex Methoden zur Portionsweisen, häuslichen Sterilisation und Konservierung. Ende des Zweiten Weltkriegs entstanden die ersten Kühlhäuser und Tiefkühler. Das Einfrieren ist heute noch die gängigste Form des Haltbarmachens.

Tarator – kalte Gurkensuppe

(4 Portionen)

(Balkan)

Insgesamt: 1,40 EUR

Zutaten:

1 Tasse Eiswasser	
250 g Joghurt	0,50 EUR
3 Knoblauchzehen, gepresst	0,06 EUR
1 Salatgurke	0,75 EUR
2 EL grob gehackte Walnuss- oder Haselnusskerne	0,03 EUR
1 kleine Zwiebel	0,06 EUR
Salz, frisch gemahlener schwarzer Pfeffer	0,05 EUR

Zubereitung:

Die Gurke schälen und entweder grob reiben oder in kleine Würfel schneiden.
Die Zwiebel sehr fein hacken, beides mit dem Joghurt, Salz, Eiswasser und
etwas Knoblauch vermischen. 2 Stunden in den Kühlschrank stellen.
Den übrigen Knoblauch mit den Nüssen vor dem Servieren über die Suppe
streuen.

(ö) TIPP

Sie können auch alle Zutaten im Mixer pürieren, dabei einige Walnüsse zum Garnieren
aufheben!

Anmerkung: Eine kalorienarme, jedoch vitaminreiche Balkanspezialität, am besten
eisgekühlt servieren! Eine verfeinerte Variante verwendet zusätzlich einen halben
Becher Sauerrahm und 2 EL Dill.

Gekocht im celery's

Kürbis-Joghurt-Suppe mit Safran

(4 Portionen)   Insgesamt: 4,03 EUR

Zutaten:

1 EL Butter	0,03 EUR
1 Zwiebel, fein gehackt	0,10 EUR
2 Knoblauchzehen, fein gehackt	0,04 EUR
1 Prise gemahlene Nelken	0,01 EUR
1 Prise gemahlene Muskatblüte	0,01 EUR
1 TL Koriander	0,03 EUR
1/2 TL Zimt	0,05 EUR
1 kg Kürbis, 2 cm grosse Würfel	1,10 EUR
500 ml Gemüsesuppe	0,15 EUR
0,3 g Safranfäden	2,10 EUR
200 g Joghurt	0,40 EUR
Salz	0,01 EUR

Zubereitung:

Die Butter in einem Topf nicht zu stark erhitzen, Zwiebel und Knoblauch
10 Minuten darin glasig dünsten. Nelkenpulver, Muskatblüte, Koriander
und Zimt kurz miterhitzen, die Kürbiswürfel hinzufügen und 2 Minuten
unter ständigem Rühren mitdünsten. Mit der Gemüsesuppe aufgiessen,
Safran dazugeben und Kürbis in 20-30 Minuten weich kochen. Vom Herd
nehmen und mit dem Stabmixer pürieren. Bis auf 4 EL das Joghurt in die
Suppe einrühren, nochmals erhitzen, dabei mit dem Schneebesen ständig
rühren. Auf keinen Fall darf die Suppe noch einmal kochen. Mit Salz
abschmecken und mit 1 EL Joghurt garnieren.

Gekocht im celery's

Nudelsalat mit Fenchel und Orangen

(2 Portionen)   Insgesamt: 1,89 EUR

Zutaten:

2-3 Orangen je nach Größe	0,58 EUR
1 kleine Fenchelknolle	0,73 EUR
200 g Nudeln (Hörnchen oder Spiralnudeln)	0,36 EUR
1/2 Becher Sauerrahm	0,22 EUR
Salz, weißer Pfeffer	

Zubereitung:

Orangen am besten mit dem Messer schälen, dazu wird am Beginn von der Orange oben und unten ein Deckel abgeschnitten, sodass das Fruchtfleisch unter der weißen Haut sichtbar ist. Dann mit einem kleinen Messer die einzelnen Spalten zwischen den Häutchen auslösen und entkernen. Fenchel in feine Streifen schneiden, Fenchelgrün zum Garnieren aufheben. Fenchelabschnitte – Strunk und Außenteile mit den Orangenabschnitten – Schalen und Hautreste in leichtem Salzwasser ca. 1/4 Stunde auskochen, abseihen und darin zuerst den Fenchel sowie anschließend die Nudeln weich kochen, abseihen, kurz kalt abschrecken und gut abtropfen lassen. Sauerrahm glattrühren und mit Nudeln, gekochten Fenchelstreifen und Orangenfilets (Spalten) vermischen. Mit feingehacktem Fenchelgrün, Salz und weißem Pfeffer abschmecken. Auf kaltem Teller anrichten und mit etwas Fenchelgrün garnieren.

(ᢒ) **TIPP**

Mit diesem Salat harmonieren besonders Fischfiletstücke oder auch Meeresfrüchte wie z.B. Garnelen, wenn es das Geldbörserl zulässt.

Rievkooche   (Reibekuchen)

Eingesendet von Diana Reiners
(2 Portionen)   Insgesamt: 2,25 EUR

Zutaten:

400 g Erdäpfel, vorw. Festkochend	0,20 EUR
2 Eier	0,70 EUR
1 Zwiebel oder Schalotte	0,66 EUR
100 ml Sonnenblumenöl	0,24 EUR
Salz, Pfeffer (evtl. Muskat)	
1/2 Glas Apfelmus	0,45 EUR

Zubereitung:

Die rohen Erdäpfel fein reiben und etwas abtropfen. Zwiebel sehr fein hacken. Beides mit den Eiern vermischen, kräftig mit Salz und Pfeffer würzen. Öl in einer Pfanne erhitzen, flache Fladen aus der Erdäpfelmischung formen und in die Pfanne legen. Von beiden Seiten schön braun braten. Auf Küchenpapier abtropfen lassen und mit Apfelmus anrichten.

(ᴗ) TIPP

Den stärkehältigen, rohen Kartoffelsaft nicht wegschütten, sondern mit Salz und Pfeffer würzen und weiterverwenden.

Anmerkung: Rievekooche ist eine Spezialität aus Köln, die traditionell mit Apfelmus, Kompott, Tatar, Lachs oder auf Schwarzbrot mit Butter gegessen wird.

Süßkartoffelsuppe mit Sellerie und Karotten
(Brasilien)
(4 Portionen)   Insgesamt: 2,81 EUR

Zutaten:

500 g Süßkartoffeln	1,40 EUR
2 Stangen Sellerie	0,60 EUR
2 Karotten	0,20 EUR
1 Lorbeerblatt	0,05 EUR
2 EL Crème fraiche	0,24 EUR
1 EL Butter	0,12 EUR
Salz, Pfeffer	0,05 EUR
1 EL Petersilie, fein gehackt	0,15 EUR
Flüssigkeit von eingelegten Pfefferoni, nach Geschmack	

Zubereitung:
Süßkartoffeln waschen, schälen und in 1,5 cm grosse Würfel schneiden. Sellerie waschen, Karotten gut bürsten und waschen, beides in 3mm dünne Scheiben schneiden. Mit den Süßkartoffeln und dem Lorbeerblatt in 1 l Wasser zum Kochen bringen. Eine halbe Stunde bei mittlerer Hitze köcheln lassen, vom Herd nehmen und die Crème fraiche und die Butter einrühren. Dann 10 Minuten weiter kochen lassen, mit Salz und Pfeffer abschmecken und mit Petersilie bestreut servieren. Nach Geschmack mit der Pfefferoni-Flüssigkeit würzen.

(ల) TIPP

Anmerkung: Die Süßkartoffel ist eines der preiswertesten Produkte in Brasilien und damit ein wichtiges Nahrungsmittel für den ärmeren Teil der Bevölkerung. Auch in Afrika gehört die Süßkartoffel neben Maniok und Yamswurzel zu den Grundnahrungsmitteln. Mit „unserer" Kartoffel ist sie botanisch nicht verwandt; wie der Name sagt, schmeckt sie süßlich. Erhältlich sind Süßkartoffel in karibischen, afrikanischen, türkischen oder asiatischen Läden, hauptsächlich während der Sommermonate.

Gekocht im celery's

Linsensuppe mit Kokosmilch und Limettensaft

(4 Portionen)   Insgesamt: 3,41 EUR

Zutaten:

2 Zwiebeln, fein gehackt	0,16 EUR
2 Knoblauchzehen, gepresst	0,04 EUR
4 Tomaten, gewürfelt	1,40 EUR
1 TL Kurkuma	0,04 EUR
1 TL Kreuzkümmel, gemahlen	0,04 EUR
6 grüne Kardamomkapseln	0,30 EUR
1 kleine Zimtstange	0,06 EUR
250 g rote Linsen	0,25 EUR
400 ml Kokosmilch	0,87 EUR
1 EL Limettensaft	0,18 EUR
Salz, frisch gemahlener schwarzer Pfeffer	0,03 EUR
1 TL Kreuzkümmel ganz zum Garnieren	0,04 EUR

Zubereitung:

Zwiebeln, Knoblauch, Tomaten, die Gewürze und die Linsen mit 1 Liter Wasser in einen Topf geben. Zum Kochen bringen und bei schwacher Hitze 20 Minuten zugedeckt köcheln lassen bis die Linsen weich sind.
Die Kardamomkapseln und die Zimtstange entfernen. Die Suppe mit dem Stabmixer pürieren, durch ein Sieb passieren und in einen Topf füllen. Etwas Kokosmilch zum Garnieren zurückhalten, die restliche Milch und den Limettensaft mit einem Schneebesen unter die Suppe rühren.
Mit Salz und Pfeffer abschmecken, Suppe erhitzen aber keinesfalls aufkochen. Kokosmilch und Kreuzkümmel darüber geben.

(ᴗ) **TIPP**

Falls die Tomaten nicht aromatisch genug sind, kann man 1-2 EL Tomatenmark unterrühren.

Gekocht im celery s

74

Mangold-Joghurt-Suppe

(4 Portionen)

(Libanon)

Insgesamt: 3,04 EUR

Zutaten:

500 g Mangold	1,00 EUR
2 EL Olivenöl	0,08 EUR
1 Bund Frühlingszwiebel, fein gehackt	0,70 EUR
100 g Reis	0,10 EUR
1 TL Kurkuma	0,04 EUR
1 TL Koriander	0,03 EUR
Salz, frischgemahlener schwarzer Pfeffer	0,03 EUR
500 g Joghurt	1,00 EUR
3 Knoblauchzehen, gepresst	0,06 EUR

Zubereitung:

Die Mangoldblätter gut waschen und grob hacken. Die Stiele würfelig
schneiden. Olivenöl in einem grossen Topf erhitzen, die Frühlingszwiebel
darin anbraten. Reis, Gewürze und Salz hinzufügen und kurz mitbraten.
Den Mangold dazugeben und mit 1 Liter Wasser ablöschen und zugedeckt
20 Minuten bei schwacher Hitze kochen lassen.
Knoblauch mit dem Joghurt verrühren. Suppe vom Herd nehmen und
Joghurt einrühren und erhitzen, aber nicht mehr kochen lassen.
Gleich servieren.

Gekocht im celery's

Salat vom Matjeshering
mit Zwiebeln und Apfel

(2 Portionen) Insgesamt: 2,40 EUR

Zutaten:

4 Matjes- oder Bismarckheringfilets	0,73 EUR
1 Apfel	0,35 EUR
1 Zwiebel geschält	0,11 EUR
2 gekochte Erdäpfel	0,11 EUR
1 Becher Sauerrahm	0,55 EUR
2 Gewürzgurken, Zitrone, Salz, Pfeffer, Dille, Salatgarnierung	0,55 EUR

Zubereitung:

Matjesfilets in fingerdicke Scheiben schneiden. Apfel schälen, entkernen und in Würfel schneiden. Gewürzgurken fein schneiden, Zwiebel halbieren und in Ringe schneiden, gekochte Erdäpfel würfeln. Alle Zutaten mit dem Sauerrahm gut vermischen.
Mit Pfeffer und Dille würzen.
Eventuell mit kleiner Salatgarnierung und etwas Gebäck anrichten.

(ʘ) **TIPP**

Zwiebel wird durch kurzes Überbrühen mit heißem Wasser und anschließendes Abschrecken mit kaltem Wasser leichter verträglich.

Anmerkung: Ein Matjes ist ein Hering, der noch nicht gelaicht hat. Er ist sehr fett- und salzreich. Der bei uns angebotene Hering stammt vor allem aus der Nord- und Ostsee. Man findet ihn aber auch im Nordpazifik.

Haxelsulz

(10-12 Portionen)   Insgesamt: 4,90 EUR pro Person 0,49 EUR

Zutaten:

1 kg Klacheln (Schweinsfüße bzw. Haxeln) vom Fleischhauer	
in dicke Scheiben sägen lassen	0,79 EUR
1/2 kg Schweinsschwarten	0,25 EUR
2 l Wasser	
3 Lorbeerblätter	0,25 EUR
1/4 Sellerieknolle	0,49 EUR
2 Karotten und evtl. 1 Gelbe Rübe	0,18 EUR
Pfefferkörner, Salz, weißer Pfeffer	0,11 EUR
2–3 El Weißweinessig	0,04 EUR
Knoblauch, frischer Majoran u. Liebstöckl	0,25 EUR
Schnittlauch	0,15 EUR
Zwiebelringe	0,20 EUR
Weißwein- oder Mostessig, Kernöl	0,20 EUR
Bauernbrot bzw. Schwarzbrot	1,99 EUR

Zubereitung:

Die in Scheiben geschnittenen Schweinshaxeln (Klacheln) sowie die zerklei-
nerten Schwarten in kaltem Wasser mit Pfefferkörnern, Lorbeerblättern,
Salz und dem Essig zustellen, aufkochen lassen und dann drei bis vier Stunden auf kleiner Flamme langsam köcheln lassen. Die Suppe während dieser
Zeit mehrmals abschäumen.

Nach einer Stunde das Wurzelgemüse in großen Stücken dazugeben.
Wenn die Haxeln weich sind aus der Suppe heben, Fleisch von den Knochen
lösen und klein schneiden (das gekochte Haxelfleisch kann leichter vom
Knochen gelöst werden, wenn es mit kaltem Wasser abgeschreckt wird).
Die Suppe abseihen und auf ca. 1/2 – 3/4 l einkochen lassen, das weichge-
kochte Gemüse abschrecken und klein schneiden, mit dem klein geschnitte-
nen Haxelfleisch und den kleingeschnittenen Schwarten wieder in die
Suppe geben und kurz verrühren.
Je nach Geschmack mit Salz und Pfeffer, frischem Knoblauch, Majoran und
Liebstöckl kräftig abschmecken. Wenn die Suppe bzw. Sulz etwas abgekühlt
ist, frischen Schnittlauch zugeben und in eine mit Öl ausgestrichene und
mit Klarsichtfolie ausgelegte Form geben.
Über Nacht kalt stellen und stocken lassen. Mit einem scharfen Messer oder
Elektromesser in Scheiben schneiden. Mit Zwiebelringen, etwas Essig und
Kernöl sowie Schwarzbrot servieren.

Hauptspeisen

Frühlingsrezepte ab Seite 83

Artischocken mit gelben Rüben in Olivenöl (Griechenland)
Bärlauch-Erdäpfelpuffer mit Selchfleisch und Salat
Forelle im Ganzen gebraten mit Dille- oder Schnittlaucherdäpfeln
Kangkung-Gemüse gebraten mit Reis (Thailand)
Mercimekli Köfte mit Cacik und Türlü Tusu (Türkei)
Polenta-Auflauf mit Blattspinat
Scholle „im Mai" mit Kräuternudeln
Spinat-Schafkäse-Palatschinken mit Paprika-Joghurt-Salat (Syrien)
Spaghetti mit geräuchertem Seelachs, Gurke und Dille
Spinat in Kokos-Curry-Sauce mit Gewürzreis (Indien)
Spinatstrudel
Sugo vom Lamm mit Spaghetti

Sommerrezepte ab Seite 96

Burghul-Zucchini-Topf mit Pinienkernen (Libyen)
Champignon- bzw. Schwammerlreis mit Salat
Gebackenes Gemüse mit Kräuterjoghurt
Gebratene Erdäpfelscheiben mit Paradeiser und Käse überbacken
Gemischtes Gemüse mit Olivenöl aus dem Rohr (arabisch)
Gemüsecouscous mit Pflaumen und Safran (Nordafrika)
Grillspieß mit Rosmarinerdäpfel
Kichererbsen-Laibchen mit Zitronen-Tahina-Dip
Okra in Tomatensauce mit Kartoffel-Schafkäse-Laibchen (Mittelmeer)
Pili Pili (Gemüsetaschen, Kamerun)
Pizza
Spinatsemmelknödel mit Blauschimmelkäse und Paradeiser
Tabbouleh (Burghul-Salat mit Tomaten, Pfefferminze und Petersilie/arabisch)
Überbackene Melanzani mit Tomaten und Schafkäse (Saudi-Arabien)

Artischocken mit gelben Rüben in Olivenöl
(griechisch)
4 Personen   Insgesamt: 7,62 EUR

Zutaten:

4 große Artischocken	4,00 EUR
1 EL Zitrone, Salz	0,08 EUR
15 Frühlingszwiebeln, gehackt	1,46 EUR
2 Gelbe Rüben, in Scheiben geschnitten	0,30 EUR
12 sehr kleine Kartoffeln	0,73 EUR
1 EL Mehl	
1/4 l Olivenöl	1,00 EUR
Salz, frisch gemahlener weißer Pfeffer	0,05 EUR

Zubereitung:
Die äusseren Blätter der Artischocken entfernen und nur die zarten Blätter belassen. Den oberen Teil auf 2,5 cm zurückschneiden, den Flaum entfernen und den unteren Teil aussen schälen.Waschen und in Salzwasser mit dem Zitronensaft legen damit sie nicht schwarz werden. Die Frühlingszwiebeln, die gelben Rüben, die Artischocken und die Kartoffeln in eine Pfanne geben, mit dem Olivenöl, dem Saft einer Zitrone und dem in 2 Tassen warmen Wasser aufgelösten Mehl übergiessen. Mit Dill oder Petersilie bestreuen, salzen und pfeffern. Das Gemüse zum Kochen bringen und zugedeckt eine Stunde leicht kochen lassen. Mit Dill oder Petersilie bestreuen und servieren.

(ᵔ) TIPP

Alle mit Olivenöl zubereiteten Speisen schmecken besser wenn sie warm bis lauwarm serviert werden.

Anmerkung: Gelbe Rüben, eine Urform der heutigen Karotte, zählen auch zur Familie der Wurzelgemüse, schmecken aber süßer und intensiver als Karotten. Artischocken sind essbare Blütenköpfe einer Distelart. Essbar sind die Blütenböden und der fleischige untere Teil der Schuppenblätter, die von den gegarten Artischocken abgezupft und dann ausgelutscht werden. Erntezeit ist aufgrund der vielen Anbauländer fast das ganze Jahr, wobei bei uns im Frühling und im Spätherbst die besten Qualitäten angeboten werden.

Gekocht: im celery's

83

Bärlauch-Erdäpfelpuffer
mit Selchfleisch und Salat

(2 Portionen)   Insgesamt: 2,38 EUR

Zutaten:

250 g mehlige Erdäpfel	0,18 EUR
1-2 El fein geschnittener Bärlauch	0,20 EUR
1 Ei	0,18 EUR
Salz, Pfeffer aus der Mühle, Majoran, Muskat	0,10 EUR
100 g Selchfleischwürfel	0,80 EUR
Öl zum Braten	0,10 EUR
1 kleiner Kopfsalat	0,70 EUR
Essig und Öl zum Abmachen	0,12 EUR

Zubereitung:

Die gewaschenen und dünn geschälten, rohen Erdäpfel auf einer Krenreibe oder mit einer Küchenmaschine ganz fein in ein Gefäß mit Wasser schaben. Nach ca. 1/2 Stunde die Erdäpfel abseihen und gut ausdrücken. Das abgeseihte Wasser auffangen und kurz stehen lassen.

In der Schüssel mit dem Auffangwasser setzt sich am Boden die Erdäpfelstärke ab, die nach dem Abgießen des Wassers zurückbleibt. Eier, Stärke, fein geschnittenen Bärlauch, Gewürze sowie angeröstete Selchfleischwürfel zu den Erdäpfeln geben und vermengen. Mit einem Löffel flache Laibchen formen oder mit Hilfe einer kleinen Ringform kleine Laibchen ausstechen.

Die Laibchen in einer mittelheißen Pfanne mit dickem Antihaftboden 8-10 Minuten langsam, goldgelb backen und mit Hilfe einer Palette oder Backschaufel wenden, die zweite Seite 4-6 Minuten fertig braten. Mit Salat servieren.

(ᴑ) TIPP

Die Puffer können als Beilage, mit Salat, mit Speck oder Kräutertopfen, mit Sauerrahm und Schnittlauch oder Bärlauch serviert werden.

Anmerkung: Bintje, Sirtema, Ukama, Agria sind die bekanntesten mehligen Erdäpfelsorten.

Forelle im Ganzen gebraten mit Dille - oder Schnittlaucherdäpfeln

(2 Portionen)   Ingesamt: 2,40 EUR

Zutaten:

1 ausgenommen Forelle	1,74 EUR
400 g mehlige Erdäpfel	0,29 EUR
Dille oder Schnittlauch	0,15 EUR
Öl, Butter, Salz	0,22 EUR

Zubereitung:

Erdäpfel schälen, je nach Größe halbieren oder vierteln und in Salzwasser nicht zu weich kochen. Mit Dille oder Schnittlauch bestreuen und vermischen.

Forelle schröpfen (tiefe Einschnitte in das Filet bis zur Hauptgräte machen) oder ziselieren (feine Einschnitte in die Haut machen) um eine knusprige Haut zu bekommen.

In nicht zu heißer Pfanne mit Öl ca. 8 Minuten anbraten, wenden und noch ca. 4-5 Minuten fertig garen. Aus der Pfanne nehmen, Forelle filetieren, Filets auf zwei heißen Tellern mit den Salzerdäpfeln anrichten, Bratfett abgießen und frische Butter aufschäumen lassen, Kräuter und Gewürze nach Belieben zugeben und über die Forellenfilets verteilen.

(ᵔ) TIPP

Unter schröpfen versteht man das tiefe Einschneiden von rohen Fischen und Filetstücken bis zur Hauptgräte.

Um die lästigen Gräten beim Essen nicht zu spüren, empfehle ich den Fisch vorher zu schröpfen. Dazu werden bei ganzen Fischen auf beiden Seiten vom Kopf in Richtung Schwanz tiefe Einschnitte im Abstand von 3-4 mm in das Filet gemacht. Durch die Zugabe von Zitronensaft werden die kurzen Gräten weich und sind daher beim essen nicht mehr spürbar.

Anmerkung: Sollte beim Essen eine größere Gräte in die Speiseröhre gelangen und stecken bleiben, empfiehlt es sich stark saure Zitronenlimonade oder verdünnten Essig nachzuspülen oder damit zu gurgeln.

Kangkung-Gemüse gebraten mit Reis

(Thailand)

Zur Verfügung gestellt von Papepan Bergmann/AOY China Shop, Graz

(4 Personen)   Insgesamt: 6,97 EUR

Zutaten:

500 g Kangkung	6,00 EUR
2 rote Chilis	0,03 EUR
3 EL Öl	0,05 EUR
8 Knoblauchzehen, gepresst	0,16 EUR
1/2 EL Sojabohnenpaste	0,30 EUR
1 1/2 TL Zucker, 1/2 TL Pfeffer	0,03 EUR
1/2 EL Fischsauce	0,20 EUR
1/2 EL Oystersauce (Austernsauce)	0,20 EUR

Zubereitung:

Kangkung waschen, abtropfen lassen und in Stücke schneiden.
Öl in einer Pfanne erhitzen und den Knoblauch darin goldgelb braten
(darauf achten, dass er nicht zu braun wird, er schmeckt dann bitter).
Kangkung, Sojabohnenpaste, Zucker, Fischsauce, Pfeffer, Oystersauce
hinzufügen und ca. 5 Minuten braten. Mit etwas Wasser aufgießen.
Mit Duft- oder Basmatireis servieren.

(ပ) TIPP

Anmerkung: Kangkung ist ein Gemüse (auch als Wasserspinat bezeichnet) das in
Südostasien, in Teilen Australiens und Afrika angebaut wird. Kangkung ist reich an
Vitamin A und C und Mineralstoffen, besonders Eisen, und kann gebraten, gekocht
oder auch roh gegessen werden. In Indonesien wird ihr ein beruhigender Effekt nach-
gesagt. Erhältlich in asiatischen Läden, die frisches Gemüse aus Ostasien importieren.
Statt Kangkung können Sie auch andere schnell garende Gemüse verwenden, wie
Spinat oder Chinakohl.

Mercimekli Köfte mit Cacik und Türlü Tusu
(Türkei)

Rezept zur Verfügung gestellt von Ayse Satici, Graz
(4 Personen)   Insgesamt: 4,04 EUR

Zutaten:

200 g rote Linsen	0,20 EUR
200 g feines Bulgur (Simit)	0,30 EUR
1 mittelgroße Zwiebel	0,06 EUR
2 Knoblauchzehen, gepresst	0,04 EUR
3 EL Rosenpaprika	0,08 EUR
7 EL Tomatenmark	0,20 EUR
3 EL scharfe Paprikapaste	0,13 EUR
3 EL Petersilie, fein gehackt	0,45 EUR
Salz, Pfeffer	0,03 EUR
100 g Essig-Gemüse (Türlü Tusu)	0,40 EUR
Cacik	2,14 EUR

Zubereitung:

Linsen verlesen und waschen. Mit der dreifachen Wassermenge aufkochen, Salz und Paprika dazugeben, eine halbe Stunde bei schwacher Hitze köcheln lassen.

Bulgur verlesen (kleine Steine und Unreinheiten entfernen). Die heißen Linsen mit einem halben Liter Kochwasser in eine Schüssel geben, den Bulgur untermischen und zugedeckt 15 Minuten durchziehen lassen. Die Zwiebel fein hacken, in heißem Öl 5 Minuten kochen. Mit dem Tomatenmark, der Paprikapaste, dem Knoblauch und Petersilie zur Linsen-Bulgur-Masse geben und sehr gut durchkneten. Die Masse sollte sehr fest sein. Salzen und pfeffern. Mit nassen Händen die Köfte formen (2 cm Durchmesser, 5 cm Länge) und mit Cacik (Rezept Seite 55), Fladenbrot und Türlü Tusu (in Essig eingelegtem Gemüse) servieren.

(ʊ) TIPP

Anmerkung: Hülsenfrüchte sind die wichtigsten Proteinlieferanten aus dem Pflanzenreich. Zwar enthalten sie nicht alle essentiellen Aminosäuren in ausreichendem Maß, aber gemeinsam mit Getreide (wie hier Linsen mit Bulgur) stellen sie eine hochwertige und vollständige Ernährung dar.

Gekocht im celery's

Polenta-Auflauf mit Blattspinat

(2 Portionen) Insgesamt: 2,31 EUR

Zutaten:

50 g Polenta (Maisgrieß)	0,05 EUR
1/8 l Wasser bzw. im Verhältnis zur Polenta 2 1/2 fache Menge Wasser	
Salz	
1 EL Mascarino oder Creme Fraiche	0,07 EUR
1 Ei	0,15 EUR
100 g Blattspinat oder aufgetauter Tiefkühlspinat	0,51 EUR
30 g Zwiebel	0,15 EUR
20 g Butter	0,09 EUR
1 Knoblauchzehe, Salz, Pfeffer, Muskat	0,04 EUR
30 g Schafskäse oder Österkron	0,36 EUR
Salat	0,94 EUR

Zubereitung:

Polenta in leicht gesalzenem Wasser einkochen, auf kleiner Flamme
ca. 25 Minuten dünsten und leicht überkühlen lassen.
Blattspinat putzen, in kochendem Salzwasser kurz blanchieren, kalt
abschrecken und gut ausdrücken, klein schneiden oder hacken. Zwiebel
und Knoblauch in Butter glasig werden lassen, Spinat dazugeben,
abschmecken und Käse unterrühren. Einen Teil der Polenta in gebutterte
Auflaufform oder Pfanne streichen und die Spinatfülle darauf verteilen.
Eidotter und Mascarino mit dem zweiten Teil der Polenta verrühren, den
Eischnee unterziehen, als oberste Schicht auf den Auflauf geben und diese
mit Paprikapulver bestauben.
Bei 180° C ca. 30 Minuten im vorgeheizten Rohr backen.

Dazu passt gut grüner Salat.

(ᵔ) **TIPP**

Anstelle von Blattspinat könnten auch Pilze, Mangold, Zucchini, Faschiertes und
ähnliches eingefüllt werden.

Anmerkung: Spinat ist ein vitamin- und mineralstoffreiches Blattgemüse. Der Eisen-
gehalt ist nicht so hoch, wie früher angenommen! Eisen aus gekochtem Spinat kann
vom Körper schlecht aufgenommen werden, deshalb sollte man Spinat mit Milch-
produkten (Käse, Obers ...) verarbeiten.

Scholle „im Mai" mit Kräuternudeln

(2 Portionen)   Insgesamt: 2,37 EUR

Zutaten:

180 g Schollenfilet tiefgekühlt	1,96 EUR
100 g Nudeln	0,15 EUR
2 El Kräuter (Bärlauch, Dille, Petersilie)	
Salz	0,15 EUR
1 El Butter	0,11 EUR

Zubereitung:
Aufgetautes Schollenfilet in Stücke teilen, leicht salzen, mit etwas Wasser oder Weißwein und Kräuterzweig in Alufolie im vorgeheiztem Rohr bei ca. 200° C oder in einer Pfanne zugedeckt ca. 5 Minuten sanft garen.

Nudeln in Salzwasser bissfest kochen, abseihen und abtropfen lassen, in aufgeschäumter Butter mit gehackten Kräutern durchschwenken und mit Schollenfiletstücken auf Teller anrichten.

(ʊ) TIPP

Mai-Scholle ist ein Klassiker der Fischküche, würde jedoch vom Einkaufspreis her den Rahmen sprengen, daher habe ich mich für eine günstigere Schollen-Variante im Mai entschieden.

Anmerkung: Verbreitungsgebiet der Scholle ist der Nordostatlantik vom Weißmeer bis nach Südportugal, die Nordsee und die westliche Ostsee. Die Scholle lebt auf sandigen und gemischten Böden sowohl in Küstennähe als auch bis zu 200 m Tiefe.

Spinat-Schafkäse-Palatschinken
mit Paprika-Joghurt-Salat

(Syrien)

(4 Portionen)

Insgesamt: 4,00 EUR

Zutaten Spinat-Schafkäse-Palatschinken:

250 g Weizenmehl glatt	0,25 EUR
1 TL Salz	0,03 EUR
2 Eier	0,34 EUR
500 ml Milch	0,35 EUR
6 EL Sonnenblumenöl	0,06 EUR
300 g frischer Spinat	1,20 EUR
200 g Schafkäse	0,76 EUR

Zutaten Paprika-Joghurt-Salat:

150 g rote, grüne oder gelbe Paprika	0,30 EUR
50 ml Olivenöl	0,12 EUR
200 g Joghurt	0,40 EUR
1 Knoblauchzehe, fein gepresst	0,02 EUR
Salz	0,03 EUR

Zubereitung:

Mehl, Salz und die Eier in eine Schüssel geben, die Milch langsam mit einem Schneebesen einrühren, dabei aufpassen dass keine Klumpen entstehen.
Öl in einer Pfanne erhitzen, insgesamt 12 Palatschinken herausbacken.
Backofen auf 200° C vorheizen.
Den Spinat putzen, waschen und kurz in Salzwasser aufkochen, abtropfen lassen, grob hacken. Schafkäse fein würfeln und mit dem Spinat vermischen. Mit Salz abschmecken.
Die Spinat-Käse-Füllung auf die Palatschinken verteilen, rollen und in eine Kasserolle geben.
Auf mittlerer Schiene in ca. 5-10 Minuten goldbraun überbacken.
Statt Spinat können Sie auch Brennnesseln verwenden.

Paprika-Joghurt-Salat

Paprika putzen und waschen und in 3 cm große Würfel schneiden. In einer Pfanne das Olivenöl erhitzen und die Paprika gar braten (sie sollten weich sein und leicht angebräunt). Joghurt in eine Schüssel geben, den Knoblauch dazugeben und mit den noch warmen Paprika und dem Olivenöl vermischen. Mit Salz abschmecken.

Gekocht im celery's

Spaghetti mit geräuchertem Seelachs, Gurke und Dille

(2 Portionen)   Insgesamt: 2,39 EUR

Zutaten:

100 g geräucherter Seelachs	1,08 EUR
200 g Spaghetti	0,29 EUR
100 g Obers	0,36 EUR
1/2 Salatgurke	0,55 EUR
Dille und Gewürze	0,11 EUR

Zubereitung:

Gurke schälen, der Länge nach halbieren und mit Hilfe eines Löffel entkernen. Anschließend in kleine Stücke schneiden und in Salzwasser bissfest kochen, abseihen und sofort in Eiswasser oder sehr kaltem Wasser abschrecken, damit die Gurkenstücke eine schöne grüne Farbe bekommen. Spaghetti in Salzwasser nicht zu weich kochen, inzwischen das Obers erhitzen und den in feine Streifen geschnittenen Seelachs mit eventuell vorhandener Marinade oder Öl zugeben. Gurkenstücke zugeben und alles kurz durchmischen und erwärmen. Mit Dille, Salz und Pfeffer würzen.

Die gekochten Spaghetti zugeben, vermischen und auf heißem Teller anrichten. Mit Dillzweig sowie Gurken- und Seelachsstücken garnieren. Dazu kann ein Salat serviert werden.

(♨) TIPP

Anstelle von Seelachs kann auch Räucherforelle verwendet werden.

Anmerkung: Der Ursprung und die Herkunft der Pasta bleibt ein Streitfall. Einerseits wird behauptet, dass die Chinesen die Nudel erfunden hätten und Marco Polo diese Teigwarenerzeugnisse von dort in seine Heimat gebracht hat. Dort soll schnell eine Leidenschaft für diese Produkte entstanden sein. Dieser Leidenschaft und dem Einfallsreichtum der Italiener soll die große Vielfalt an Formen und Formaten von Teigwaren zu verdanken sein.

Andererseits geben andere Quellen Italien als den Ursprung der Teigwaren an. Sie sollen den umgekehrten Weg, von Italien nach China gebracht worden sein. Der tatsächliche Ursprung der Teigwaren ist und bleibt wohl eine Streitfrage. Nachweisbar gibt es seit dem 12. Jahrhundert in Italien eine Teigwarenproduktion. Seit damals hat sich der Markt auch außerhalb von Italien stark entwickelt und man geht heute von einer Teigwarenproduktion von weltweit über 8 Millionen Tonnen aus. Bezüglich Totalproduktion und pro Kopf Konsum steht Italien aber immer noch an erster Stelle.

Spinat in Kokos-Curry-Sauce mit Gewürzreis

(Indien)

(4 Portionen)   Insgesamt: 6,58 EUR

Zutaten Spinatcurry:

800 g junger Spinat	3,20 EUR
Salz	0,02 EUR
7 Knoblauchzehen	0,14 EUR
2 EL Sonnenblumenöl	0,02 EUR
1 TL Kreuzkümmel gemahlen	0,04 EUR
1/2 TL Chili, 3 EL Kokosflocken	0,08 EUR
abgeriebene Schale von 1/2 Zitrone	0,15 EUR
200 ml Schlagobers	0,56 EUR

Zutaten Gewürzreis:

3 EL ÖL	0,03 EUR
1 Zwiebel, fein gehackt	0,08 EUR
2 Knoblauchzehen, fein gehackt	0,04 EUR
1 Prise Kardamom, 3 Nelken	0,05 EUR
1 Muskatblüte, 1/2 Zimtstange, 1 Lorbeerblatt	0,10 EUR
250 ml Reis	0,50 EUR
500 ml Gemüsebrühe	0,15 EUR
0,15 g Safran	1,05 EUR
2 EL Rosinen	0,12 EUR
50 g blättrige Mandeln	0,25 EUR

Zubereitung Spinatcurry:

Spinat waschen, in einem grossen Topf Wasser zum Kochen bringen, salzen
und Spinat kurz blanchieren. In ein Sieb abgiessen und gut abtropfen lassen.
Den Knoblauch fein hacken. Öl im Wok oder einer großen schweren Pfanne
erhitzen, Knoblauch darin kurz anbraten, Kreuzkümmel und Chili dazugeben und unter Rühren kurz anbraten. Spinat und Kokosflocken dazugeben,
ebenfalls kurz mitbraten. Zitronenschale und Schlagobers zum Spinat einrühren, 2-3 Minuten kochen lassen.

Gekocht im celery's

Zubereitung Gewürzreis:
2 EL Öl erhitzen, Zwiebeln und Knoblauch anbraten, die Gewürze dazugeben und kurz mitrösten. Den Reis hinzufügen, unter Rühren anbraten, bis alle Körner gleichmäßig mit Öl überzogen sind, dann die Gemüsebrühe aufgießen. Safran und Rosinen dazugeben, zum Kochen bringen, und den Reis bei kleinster Hitze in 15 Minuten kochen, vom Feuer nehmen und noch 5 - 10 Minuten quellen lassen.
Die Mandeln mit 1 EL Öl hellbraun braten und den Reis damit garnieren.

TIPP

Indische Currys werden nie allein, sondern mit Joghurt, scharfen eingelegten Gemüsen oder süss-sauren Chutneys serviert. Probieren Sie dieses Mango-Chutney dazu:
1 reife Mango, kleine Würfel; 2 TL geriebener Ingwer, Saft von einer Zitrone, 1/2 TL Chili, 1/4 TL Zimt, 1 EL Honig, 1 Prise Salz - alles gut vermischen.

Spinatstrudel

(2-3 Portionen) Insgesamt: 1,48 EUR

Zutaten Strudelteig:

130-150 g glattes Mehl	0,07 EUR
ca. 1/16 l lauwarmes Wasser	
1 kleines Ei	0,14 EUR
10 g Öl (ca. 1 EL)	0,04 EUR
Prise Salz	
oder 1 Packung fertige Strudelblätter	

Zutaten Fülle:

ca. 100 g Blattspinat frisch oder tiefgekühlt	0,51 EUR
50 g Schafkäse oder Blauschimmelkäse (Österkron)	0,36 EUR
1-2 Paradeiser	
oder 1 kl Dose gehackte Paradeiser	0,36 EUR

Zubereitung Strudelteig:

Alle Zutaten gut zu einem glatten Teig verkneten, mit Öl einpinseln und in Klarsichtfolie am besten über Nacht im Kühlschrank rasten lassen.
Teig rechtzeitig aus dem Kühlschrank nehmen. Nicht mehr kneten!
Auf einem kleinen, freistehenden Tisch mit bemehltem Tuch ausrollen und mit dem Handrücken über die Tischkanten ausziehen.
Tipp: Ringe und Uhr vorher ablegen!

Zubereitung Fülle:

Strudelteig mit flüssiger Butter bestreichen und die blanchierten Spinatblätter im ersten Drittel der Teigfläche flach verteilen und mit Schafkäse bestreuen. Teig einrollen und zwischendurch mit flüssiger Butter (Teig blättert beim Aufschneiden) oder Eigelb (Teig ist kompakt beim Aufschneiden) beträufeln. Fertigen Strudel mit Eigelb bestreichen.
Auf gefettetem Blech im Rohr bei 180° – 200° C ca. 20-25 Minuten backen.
Mit den enthäuteten, entkernten und kleinwürfelig geschnittenen Paradeiserwürfeln (evtl. mit Olivenöl und Basilikum gewärmt) anrichten.

(ʊ) TIPP

Für Beeren- oder Traubenstrudel etwas geschlagenes Eiweiß auf den Strudelteig streichen (ca. erstes Drittel der Teigfläche) und darauf die Beeren streuen.
Anstelle von Blattspinat könnten auch Brennnesselblätter, Radieschenblätter und Bärlauchblätter als Würze verwendet werden.

Anmerkung: Achtung beim Aufwärmen von Spinat! Spinat wird stark gedüngt, enthält daher viel Nitrat, das durch Bakterien bei langem Warmhalten zu gesundheitsschädlichem Nitrit umgewandelt werden kann. Daher den Spinat, nicht lange warm halten. Zubereiteten Spinat nur kurz im Kühlschrank aufbewahren. Am besten nur weniger verarbeiten und den gleich aufessen. Kleinkindern keinen aufgewärmten Spinat geben.

Sugo vom Lamm mit Spaghetti

(2 Portionen)   Insgesamt: 2,38 EUR

Zutaten:

150 g Lammfaschiertes, nicht zu mager, nicht zu fein faschiert	0,80 EUR
30 g Paradeismark	0,21 EUR
1-2 geschälte Paradeiser frisch	
oder 1/2 Dose oder ca. 1/16 l Paradeiser passiert	0,36 EUR
0,2 l Fleischsuppe (am besten vom Lamm)	
1 kleine feingeschnittene Zwiebel	0,15 EUR
ca. 100 g Wurzelgemüse (Karotten, Sellerie usw.) klein gewürfelt	0,36 EUR
2 EL Öl	
120 g Nudeln oder Spaghetti	0,50 EUR
Salz, Pfeffer, Majoran, Knoblauch	

Zubereitung:

Zwiebel in heißem Öl kurz andünsten, kleingewürfeltes oder geraspeltes Gemüse dazugeben und mitdünsten. Paradeismark und die geschälten, gehackten und pürierten Paradeiser einmengen, kurz durchrühren und mit Suppe aufgießen. Einige Minuten durchkochen lassen. Das rohe Faschierte zügig einrühren und auf dem Herd auf kleiner Flamme oder im Rohr bei etwa 80° C mindestens 2 1/2 bis 3 Stunden köcheln lassen. Wenn notwendig zwischendurch etwas Suppe oder Wasser nachgießen.

Mit Salz, Pfeffer, Lorbeer, Majoran und Knoblauch würzen.

Nudeln in reichlich kochendem Salzwasser kernig kochen, abseihen und in Butter oder Olivenöl mit etwas Knoblauch und Paradeiswürferln kurz durchschwenken, in tiefen Tellern anrichten, mit Sugo begießen, wahlweise mit geriebenem Käse bestreuen.

(☉) TIPP

Durch die direkte Zugabe des rohen Lammfaschierten in die Paradeissauce entstehen nicht die Fleischklumpen, die sich sonst durch das Anrösten bei herkömmlichen Methoden bilden.

Anmerkung: Ernährungsphysiologisch weist Lammfleisch ein besonderes günstiges Nährstoffverhältnis auf. Es ist fettarm, eiweiß-, vitamin- und mineralstoffreich. Medizinisch-biologisch hat man das interessante Phänomen festgestellt, dass bis heute beim Lamm oder Schaf noch nie Krebserkrankungen aufgetreten sind. Ein körpereigener Schutzfaktor des Schafes gegen Krebs ist die im Schaforganismus vorhandene Orotsäure, die in der Leber, in der Milz und im Herzen besonders konzentriert vorkommt. Der Genuss von Lammfleisch und Schafmilchprodukten wird in verschiedenen Heilbehandlungen immer wieder empfohlen.

Burghul-Zucchini-Topf

(4 Portionen)

(Libyen)

Insgesamt: 4,20 EUR

Zutaten:

250 ml Burghul	0,38 EUR
250 ml Gemüsebrühe	0,08 EUR
4 kleine Zucchini	1,13 EUR
5 EL Sonnenblumenöl	0,10 EUR
Salz	0,02 EUR
2 Zwiebeln	0,20 EUR
100 g Pinienkerne	2,00 EUR
150 g Joghurt	0,30 EUR

Zubereitung:

Den Burghul in einem Topf ohne Öl anrösten, bis er leicht braun ist und duftet. Mit heißer Gemüsebrühe aufgießen, vom Herd nehmen und etwas quellen lassen.

Die Zucchini waschen, Stielenden entfernen und Zucchini in 1 cm große Würfel schneiden. Drei Esslöffel Öl in einer Pfanne erhitzen und die Zucchini anbraten. Mit etwas Wasser oder Gemüsebrühe ablöschen und die Zucchiniwürfel dünsten. Sie sollten auf jeden Fall noch bissfest sein. Leicht salzen. Die Zucchini zum Burghul geben und vorsichtig vermischen, mit etwas Salz abschmecken und bei niederer Temperatur einige Minuten garen. Bei Bedarf noch etwas Wasser zugeben, der Burghul sollte saftig sein. Die Zwiebel fein würfeln und mit den Pinienkernen in Öl goldbraun dünsten. Kurz vor dem Servieren das Joghurt über den Bulghur geben und mit den Zwiebeln und Pinienkernen bestreuen.

(ы) TIPP

Anmerkung: Die Pinie ist eine im ganzen Mittelmeerraum verbreitete Kiefernart, erkennbar an ihrer breiten Schaumkrone. Mit ihrem mildsüßen Aroma verfeinern die Nusskerne nicht nur in der mediterranen, sondern auch in der arabischen Küche zahlreiche Speisen. Aufgrund ihrer aufwendingen Ernte sind Pinienkerne relativ teuer.

Gekocht im celery's

Champignon- bzw. Schwammerlreis mit Salat

(2 Portionen)   Insgesamt: 2,38 EUR

Zutaten:

100 g Reis	0,10 EUR
250 g Champignons oder Schwammerl nach Angebot	1,32 EUR
50 g Zwiebel	0,04 EUR
1 kleiner Kopfsalat	0,80 EUR
Essig und Öl für Salat, Salz	0,12 EUR

Zubereitung:

Reis in leichtem Salzwasser bissfest kochen und kurz heiß abspülen, abtropfen lassen. Inzwischen die Champignons oder Schwammerl nach Wahl klein schneiden, feingeschnittenen Zwiebel leicht anrösten, Schwammerl zugeben und kurz andünsten, Reis zugeben und gut vermischen. Eventuell mit Petersilie, Majoran oder Thymian würzen und zugedeckt ca. 10 Minuten ausdünsten lassen, auf warmen Tellern anrichten und mit Blattsalat servieren.

(ധ) TIPP

Der Reis bekommt einen besonders guten Geschmack, wenn er in einem Schwammerl-sud gekocht wird, dazu werden die Abschnitte und weniger schöne Schwammerl oder Pilze in einem milden Salzwasser ausgekocht und abgeseiht.

Anmerkung: Schwammerl und Pilze haben in den Sommermonaten Saison. Feucht-heißes Wetter fördert den Pilzwuchs. Es empfiehlt sich nach Regenfällen am Ende einer Hitzeperiode auf Schwammerlsuche zu gehen. Achtung: auch von zu alten oder verdorrten Pilzen kann man eine Pilzvergiftung bekommen!

Gebackenes Gemüse mit Kräuterjoghurt

(2 Portionen)   Insgesamt: 2,36 EUR

Zutaten:

Mehl, Brösel, Eier, Milch oder Wein   0,55 EUR
ca. 3/4 kg Gemüse   1,45 EUR
Joghurt, Kräuter und Gewürze   0,36 EUR

Zubereitung:

Rund 3/4 kg Gemüse je nach Tagespreislage im Wert von 1,45 EUR besorgen,
etwa Karfiol, junge Kohlrabi, junge Karotten, Champignons, Jungzwiebeln,
Chicoree, Stangensellerie, Paprika oder ähnliches. Das Gemüse durch
Backteig bzw. Wein- oder Bierteig ziehen und in heißem Öl frittieren.
Auf Küchenpapier abtropfen lassen.
Restlichen Teig eventuell mit Kräutern oder Käse verrühren und löffelweise
im Öl backen.
Rohgemüse gut reinigen und in nicht zu feine Stücke oder Stäbchen schnei-
den. Roh oder bissfest gekocht, leicht salzen und in Mehl wenden.
Anschließend mit Mehl, Ei und Bröseln panieren und frittieren oder in
Backteig tauchen und frittieren.
Mit Kräuterjoghurt servieren.

Backteig:

100 g glattes Mehl, 1/16 l Milch, Salz, 2 Eier

Kräuterjoghurt:

1/2 Becher Joghurt, Salz, weißer Pfeffer aus der Mühle, Kräuter (Schnittlauch,
Petersilie, Kresse, Kerbel u.a.). Alle Zutaten mit einem Löffel ganz kurz
verrühren, sonst wird die Joghurtsauce zu dünn!

(ö) TIPP

Nimmt man Bier entsteht Bierteig. Nimmt man anstelle von Milch Wein wird daraus
Weinteig.
Anmerkung: Tomaten und ähnlich weiches Gemüse eignen sich nicht für dieses
Gericht.

Gebratene Erdäpfelscheiben mit Paradeiser und Käse überbacken

(2 Portionen)   Insgesamt: 2,32 EUR

Zutaten:

500 g speckige Erdäpfel	0,36 EUR
250 g Paradeiser	0,51 EUR
100 g Käse Österkron oder 150 g Mozzarella	1,30 EUR
Fett, Salz und Pfeffer nach Belieben	0,15 EUR

Zubereitung:

Am Vortag die Erdäpfel mit der Schale in Salzwasser halbroh kochen, abseihen und kurz kalt abschrecken.

Am nächsten Tag schälen und in eher dicke Scheiben schneiden.

Das Backrohr auf 200 ° C vorheizen.

In einer Pfanne mit dickem Boden Schmalz oder Öl erhitzen, Erdäpfelscheiben flach verteilen, bei mittlerer Hitze ca. 8-10 Minuten langsam goldgelb anbraten und mit Backschaufel wenden.

Mit Paradeiserscheiben und Käse (Österkron, Mozzarella u.a.) belegen.

Im vorgeheiztem Rohr bei starker Oberhitze auf oberster Schiene oder bei Grillschlange auf mittlerer oder unterster Schiene, bis der Käse zu fließen beginnt überbacken.

(◔) TIPP

Sieglinde, Kipfler, Sigma, Ditta sind speckige Erdapfelsorten.

Anmerkung: Der Erdapfel tauchte erstmals um 1540 in Europa auf, doch es dauerte über zwei Jahrhunderte, ehe er von allen Bewohnern des Kontinents akzeptiert wurde. Als dies allerdings geschehen war, entwickelte sich der Erdapfel bald zu einem unverzichtbaren Bestandteil zahlreicher Mahlzeiten.

Gemischtes Gemüse mit Olivenöl
aus dem Rohr

(4 Portionen)

(arabisch)

Insgesamt: 3,93 EUR

Zutaten:

300 g Karfiol	0,60 EUR
500 g Melanzani	1,00 EUR
200 g Zucchini	0,30 EUR
250 g Kartoffeln	0,18 EUR
200 ml Olivenöl	0,80 EUR
Salz und Pfeffer	0,03 EUR
3 EL gehackte Petersilie	0,45 EUR
Saft von einer halben Zitrone	0,08 EUR
1 Fladenbrot	0,50 EUR

Zubereitung:

Karfiol putzen und waschen, in Salzwasser kurz aufkochen, abgießen und in Röschen teilen. Die Melanzani schälen und in 1 cm dicke Scheiben schneiden. Kartoffeln waschen und schälen, Zucchini waschen und beides ebenfalls in 1 cm dicke Scheiben schneiden.

Das Backrohr auf 200° C vorheizen.

Die Gemüse getrennt in Olivenöl von beiden Seiten goldbraun braten.

Mit Salz und frisch gemahlenem Pfeffer würzen.

Das Gemüse in eine feuerfeste Form geben. Korianderblätter (oder Petersilie) über das Gemüse streuen. Im vorgeheizten Rohr ca. 20 Minuten braten.

Kurz vor dem Servieren mit Zitronensaft beträufeln.

Mit Fladenbrot servieren.

---

(७) TIPP

Statt dem anbraten können Sie die Gemüse auch gleich auf das mit Olivenöl bestrichene Backblech legen, damit verlängert sich die Backzeit auf 40-50 Minuten. Lauwarm oder kalt schmeckts am besten!

Anmerkung: Gegrillte Gemüse sind im ganzen Mittelmeerraum beliebt. Wichtig ist, dass die Gemüse erntefrisch und knackig sind. Für dieses köstliche Sommergericht kann natürlich jedes beliebige Gemüse (wie Karotten, Cocktailtomaten, Frühlingszwiebel...) verwendet werden.

Gekocht im celery's

Gemüsecouscous mit Pflaumen und Safran

(Nordafrika)

(4 Portionen)   Insgesamt: 6,57 EUR

Zutaten:

3 EL Olivenöl	0,12 EUR
1 mittelgrosse Zwiebel, fein gehackt	0,08 EUR
2 Knoblauchzehen, gepresst	0,04 EUR
2 TL gemahlener Kreuzkümmel	0,09 EUR
2 TL Koriander gemahlen	0,06 EUR
1 TL Rosenpaprika, 1 TL scharfes Chili-Pulver	0,02 EUR
400 g Tomaten aus der Dose	0,48 EUR
300 ml Gemüsesuppe	0,09 EUR
1 Zimtstange	0,06 EUR
0,3 g echter Safran	2,10 EUR
300 g Melanzani	0,60 EUR
500 g Zucchini	0,75 EUR
250 g Karotten	0,25 EUR
Salz	0,02 EUR
250 g Couscous	0,25 EUR
100 g Kichererbsen, über Nacht eingeweicht	0,11 EUR
200 g Pflaumen od. grosse Zwetschgen	0,40 EUR
3 EL gehackte Petersilie	0,45 EUR
3 EL frischer Koriander	0,60 EUR

Zubereitung:

Die Melanzani, Zucchini und Karotten längs vierteln und in 7 cm lange Stücke schneiden. Das Olivenöl in einem großen Topf erhitzen, Zwiebel und Knoblauch 5 Minuten braten. Die Gewürze kurz mitbraten.
Die Gemüse und die Gemüsesuppe dazugeben und mit Salz würzen.
Zugedeckt bei schwacher Hitze 15 Minuten kochen lassen. Kichererbsen und Pflaumen zugeben und 5 Minuten weiterkochen. Den Couscous in kochendes Salzwasser einrühren, vom Herd nehmen. Mit der Gabel umrühren damit keine Klumpen entstehen und quellen lassen. Petersilie und Koriander unter das Gemüse mischen.
Couscous auf einer Platte anrichten, das Gemüse auf dem Couscous verteilen und vorsichtig vermischen.

Gekocht im celery's

Grillspieß mit Rosmarinerdäpfel

(2 Portionen)   Insgesamt: 2,39 EUR

Zutaten:

1/4 roter Paprika	0,25 EUR
1/2 Zucchini	0,33 EUR
2 Frühlingszwiebeln	0,29 EUR
2 kleine Champignons	0,13 EUR
100 g Schweinekotelett oder Putenbrust (oder 160 g Knackwurst)	0,91 EUR
1/2 kg speckige Erdäpfel	0,40 EUR
Salz, Pfeffer, Rosmarinzweig, etwas Öl	0,08 EUR

Zubereitung:

Paprika, Zucchini und Zwiebel sowie das Fleisch in passende bzw. nicht zu große Stücke oder Würfel schneiden und abwechselnd auf 2 Spieße stecken, mit den Champignons abschließen.

Die Spieße mit Salz und Pfeffer würzen, mit etwas Öl beträufeln und am Holzkohlengrill, im Rohr bei Grill oder in der Pfanne je Seite ca. 4 – 5 Minuten braten bzw. Grillen.

Für die Rosmarinerdäpfel, die Erdäpfel nicht zu weich kochen, mit einem kleinem Rosmarinzweig in Alufolie wickeln und am Rost oder im Rohr mitbraten.

---

(৬) TIPP

Dazu könnte ein Kräutersauerrahm (Sauerrahm mit Löffel kurz verrühren und mit Kräuter und etwas Knoblauch gewürzt) serviert werden.

Anmerkung: Grillen ist eine besondere Art, Speisen fettarm zuzubereiten. Gegrillt wurde ursprünglich im Freien über Holzkohle. Auch heute ist Grillen im Sommer ein Partyspaß für Jung und Alt. Doch sollte beim Grillen über Holzkohle darauf geachtet werden, dass kein Fett in die Glut tropft. Die aufsteigenden Dämpfe sind, wenn sie sich wieder auf dem Fleisch niederschlagen gesundheitsschädlich. Deshalb sollte der Rost mit Alufolie abgedeckt oder in Aluschalen gegrillt werden.

Kichererbsenlaibchen mit Zitrone-Tahina-Dip

4 Personen   Insgesamt: 4,14 EUR

Zutaten Kichererbsenlaibchen:

300 g Kichererbsen, über Nacht eingeweicht	0,33 EUR
2 Knoblauchzehen, gepresst	0,04 EUR
1 Bund Frühlingszwiebeln (nur den weißen Teil)	0,70 EUR
2 TL Kreuzkümmel, gemahlen	0,09 EUR
2 TL Koriander, ganze Körner	0,06 EUR
1 grüne Paprika, fein gehackt	0,30 EUR
2 EL Koriandergrün, gehackt	0,40 EUR
1 kleines Ei	0,17 EUR
2 EL Mehl	0,03 EUR
Salz, frisch gemahlener schwarzer Pfeffer	0,05 EUR
Öl zum Ausbacken, Mehl zum Formen	0,30 EUR
8 Zitronenspalten	0,30 EUR
3 EL frisches Koriandergrün zum Garnieren	0,60 EUR

Zutaten Dip:

2 EL Tahin	0,08 EUR
2 EL Zitronensaft	0,15 EUR
2 Knoblauchzehen gepresst	0,04 EUR
1 Fladenbrot	0,50 EUR

Zubereitung:

Kichererbsen über Nacht einweichen, in 40 Minuten weich kochen, abgießen und mit dem Stabmixer zu einer glatten Paste pürieren. Knoblauch, Frühlingszwiebeln, Kreuzkümmel und Koriander dazugeben und weiter pürieren, bis alles vermischt ist. Gehackte Paprika, Koriandergrün, Ei und Mehl unterrühren, mit Salz und Pfeffer würzen (bei Bedarf noch etwas Mehl zufügen).
Kalt stellen. In der Zwischenzeit für den Dip alle Zutaten vermischen, eventuell etwas Wasser zufügen falls die Sauce zu dick ist.
Aus der Kichererbsenmasse mit bemehlten Händen 12 Laibchen formen und in Olivenöl von beiden Seiten goldbraun backen. Auf Küchenpapier abtropfen lassen. Mit frischem Koriandergrün und den Zitronenspalten garnieren und mit Fladenbrot und dem Dip servieren.

(ტ) **TIPP**

Für eine weitere schnell zubereitete Sauce Joghurt oder Kefir mit frischer Minze, Salz und etwas Knoblauch vermischen.

Gekocht im celery's

Okra in Tomatensauce mit Kartoffel-Schafkäse-Laibchen (Mittelmeer)

(4 Portionen)   Insgesamt: 5,95 EUR

Zutaten Okragemüse:

250 g frische, gefrorene od. getrocknete Okra	0,63 EUR
125 ml Olivenöl	0,50 EUR
200 g sehr reife Tomaten	0,40 EUR
2 TL Koriandersamen	0,06 EUR
2 Zwiebeln, feine Ringe	0,16 EUR
2 Knoblauchzehen, gepresst	0,04 EUR
5 EL fein gehackte frische Korianderblätter od. Petersilie	1,00 EUR
Salz und schwarzer Pfeffer	0,05 EUR
1 EL Zitronensaft	0,08 EUR

Zutaten Kartoffel-Schafkäse-Laibchen:

500 g mehlige Kartoffeln	0,35 EUR
120 g Schafkäse	0,46 EUR
4 Frühlingszwiebel, gehackt	0,56 EUR
3 EL frischer Dill	0,30 EUR
1 Ei, verquirlt	0,17 EUR
1 EL Zitronensaft , Salz, Pfeffer	0,10 EUR
Mehl zum Bestäuben, 200 ml Olivenöl zum Rausbraten	0,80 EUR
Zitronenspalten und gehackte Petersilie zum Garnieren	0,30 EUR

Zubereitung Okragemüse:

Die Okra putzen und waschen, getrocknete Okra eine halbe Stunde in heißem Wasser einweichen, danach einige Male waschen und gut abtropfen lassen. Das Olivenöl (2 EL zurückbehalten) in einem Topf erhitzen und die Okra 10 Minuten dünsten, ab und zu vorsichtig umrühren. Die Tomaten in Viertel schneiden und zu den Okra geben.
Die Zwiebel in Olivenöl goldbraun anrösten, Koriandersamen kurz mitrösten. Beides mit dem Knoblauch und Korianderblättern zu den Okra geben, alles gut vermischen und 5 Minuten weiter dünsten bis das Gemüse gar ist. Sie sollten noch Biss haben. Mit Salz, Pfeffer und 1 EL Zitronensaft abschmecken.

Zubereitung Kartoffel-Schafkäse-Laibchen:
Kartoffel in Salzwasser weich kochen, schälen und stampfen;
Schafkäse mit Zwiebel, Dill, Ei und Zitronensaft mit dem Kartoffelteig gut
vermischen, mit Salz und Pfeffer würzen. Im Kühlschrank fest werden lassen (ca. 30 Minuten), mit mehligen Händen kleine Kugeln formen, flachdrücken, von beiden Seiten in Olivenöl goldgelb braten.
Mit Zitronenspalten und Petersilie garnieren.

(ᴗ) TIPP

Anmerkung: Okras sind mehr oder weniger ganzjährig eingefroren in türkischen und asiatischen Läden erhältlich und werden auch Gombo, Ladyfinger oder Bamie (türkisch) genannt.

Gekocht im celery's

Pili pili (Gemüsetaschen, Kamerun)

Zur Verfügung gestellt von Chantal NDOUMBE (Graz)

4 Personen   Insgesamt: 6,92 EUR

Zutaten:

1 kg Weizenmehl	1,00 EUR
4 Eier	0,68 EUR
300 g Butter	1,80 EUR
2 TL Zucker, Salz	0,05 EUR

Fülle:

300 g Erbsen	0,31 EUR
200 g Karotten	0,20 EUR
3 verschiedenfärbige Paprika	1,20 EUR
2 Zwiebeln	0,16 EUR
Salz, schwarzer Pfeffer	0,03 EUR
3 EL Basilikum fein gehackt od. 2 TL getrocknet	0,45 EUR
125 ml Gemüsesuppe	0,04 EUR
1000 ml Sonneblumenöl zum Frittieren	1,00 EUR

Zubereitung:

Mehl, Eier, Butter, Salz und Zucker gut vermengen, etwas Wasser beigeben. Diese Masse zu einem mittelfesten Teig abarbeiten (etwas weniger fest als Brotteig).
Die Karotten reiben oder in kleine Stücke schneiden, die Paprika und Zwiebeln ebenfalls in kleine Stücke schneiden.

Die Erbsen zusammen mit den kleingeschnittenen Karotten, Paprika und Zwiebeln in einen Kochtopf geben, etwas Wasser hinzufügen. Anschließend Gemüsesuppe, Pfeffer, Basilikum beigeben. Ganz wenig salzen. Das Ganze ca. zwei bis drei Minuten kochen lassen, bis das Wasser aufgebraucht ist. Auf einem Brett den Teig 3 cm dick auswalken. 8 mal 13 cm große Dreiecke ausschneiden. Die Gemüsefülle in die Mitte der Teigtaschen geben, und im Öl goldbraun frittieren. Teigtaschen servieren.

Pizza

(2 Portionen)   Insgesamt: 2,35 EUR

Zutaten:

250 g Mehl griffig oder universal	0,27 EUR
10 g Germ	0,05 EUR
40 g Olivenöl	0,29 EUR
ca. 1/8 l Wasser	
Prise Salz, Gewürze	0,04 EUR
für Belag je nach Gusto	1,70 EUR

Zubereitung:

Aus Germ (Hefe), etwas lauwarmer Milch oder Wasser, Prise Zucker und etwas
Mehl ein Dampfl ansetzen, kurz aufgehen lassen, zu den restlichen Zutaten
geben und gut durchkneten. Einige Zeit oder über Nacht im Kühlschrank
gehen lassen, zu einer Rolle formen, halbieren und rund schleifen. 1/2 Stunde
rasten lassen, ausrollen bzw. flach drücken. Auf geöltes Blech legen.
Teig gut mit Olivenöl einpinseln, mit gehackten Paradeisern sowie
gewünschten Zutaten wie etwa Salami, Schinken, Thunfisch, Artischocken
belegen, mit Käse oder Mozzarella belegen, mit Oregano bestreuen und im
heißen Rohr bei 250° C eventuell mit Heißluft ca. 13-15 Minuten backen.

(ٯ) TIPP

Aus dem Pizzateig läßt sich auch gut ein Stangenbrot oder Weckerl herstellen.
Wichtig! Vor dem Ausrollen den Teig nicht mehr kneten, er muss 1/2 Stunde rasten.
Für Brioche oder feinen Pizzateig nimmt man zusätzlich einen Eidotter, anstelle von
Wasser Milch, anstelle von Öl flüssige Butter und um 10 g mehr Germ.
Der Pizzateig kann mit Kräutern (Rosmarin, Thymian, Salbei) oder mit gehackten
schwarzen Oliven vermischt werden.
Je weniger der Teig nach dem ersten mal Aufgehen geknetet wird, umso lockerer wird er.

Anmerkung: Die Ursprünge der Pizza liegen etwa im Jahre 1000 vor Christus.
Entgegen der landläufigen Meinung ist die Pizza keine italienische Erfindung, sondern
die Etrusker und Griechen haben einen entscheidenden Beitrag zur Entwicklung der
Pizza geleistet. Ursprünglich war die Pizza nicht mehr als ein Teigfladen, der auf
einem Stein in der Nähe des Feuers gebacken wurde. Später wurde der gebackene
Fladen mit verschiedenen Lebensmitteln belegt und diente so als essbarer Teller.
Manchmal wurde der Teigfladen auch nur ein wenig gewürzt und ähnelte in seiner
Urform der heutigen italienischen Focaccia. Die Griechen haben die Funktion des
essbaren Tellers dann weiter entwickelt. Sie begannen den Teigfladen nicht erst nach
dem Backen zu belegen, sondern schon vorher.
Der Siegeszug der Pizza in Europa ging einher mit den römischen Eroberungen. Hun-
derte von Variationen entstanden, je nach Region und verfügbaren Lebensmitteln.

Spinatsemmelknödel mit Blauschimmelkäse und Paradeiser

(4 Portionen) Insgesamt: 2,85 EUR

Zutaten für ca. 6-8 Knödel:

1/16 l Öl	
1/2 feingeschnittene Zwiebel	0,10 EUR
0,2 l Milch	0,11 EUR
1/4 kg Knödelbrot getrocknet	
3 Eier	0,39 EUR
Salz, Petersilie, Majoran, Knoblauch	
150 g Blattspinat feingehackt	0,49 EUR
150 g Blauschimmelkäse (Österkron oder Trautenfelser)	1,25 EUR
4-5 Paradeiser	0,51 EUR
Butter	

Zubereitung:

Zwiebeln in Öl goldgelb anrösten, Milch zugießen und aufkochen lassen. Zum Knödelbrot geben und gut mit Kochlöffel durchmischen. Mit Salz und Kräutern würzen. Dann zur abgekühlten Masse die Eier und den Blattspinat geben und gut durchkneten, andrücken, mit nassen Händen glattstreichen und etwas rasten lassen.

Mit nassen Händen glatte Knödel formen und in kochendes Salzwasser einlegen, zugedeckt ca. 15 Minuten (auch länger möglich) kochen lassen. Werden die Knödel später verwendet bzw. auf Vorrat gekocht, sofort in kaltem Wasser (ca. 10-15 Minuten) abschrecken und abkühlen lassen.

Die heißen Knödel auf Paradeiswürfel* anrichten, mit Blauschimmelkäse belegen und im Rohr kurz überbacken oder mit brauner Butter langsam übergießen. *Paradeiswürfel (Concassé)*

(ʘ) TIPP

Feste Paradeiser an der Kuppe kreuzweise einritzten und ca. 20 Sekunden in kochendes Wasser geben. Kalt abschrecken, Haut abziehen, vierteln, entkernen, in Würfel oder Streifen schneiden, oder Dosenparadeiser grob hacken.
Anmerkung: 1522 wurde die Tomate, in Österreich auch Paradeiser genannt, von Seefahrern aus Südamerika auf den europäischen Kontinent gebracht. Die Samen kamen von Bolivien, Peru und Ecuador nach Spanien. Die ersten Sorten waren gelb, galten als giftig und wurden nur zur Gartengestaltung verwendet. Erst Mitte des 18. Jahrhunderts setzte sich die Tomate in Europa als Lebensmittel durch.

Tabbouleh (Burghul-Salat mit Tomaten, Minze und Petersilie)

(4 Portionen)   Insgesamt: 5,65 EUR

Zutaten:

250 g Burghul	0,38 EUR
2 mittelgrosse Zwiebeln	0,16 EUR
2 Bund Petersilie	1,05 EUR
750 g Tomaten	1,50 EUR
5 EL Olivenöl	0,20 EUR
Saft einer Zitrone	1,50 EUR
1 EL Kreuzkümmel gemahlen	0,09 EUR
Salz, frisch gemahler schwarzer Pfeffer	0,05 EUR
1 Kopf beliebiger Salat	0,73 EUR

Zubereitung:

Burghul mit heissem Wasser übergiessen und 15 Minuten ziehen lassen.
Die Zwiebeln fein hacken und mit dem Burghul vermischen. Petersilie und
Minze fein hacken, die Tomaten entweder enthäuten (kreuzweise einschnei-
den und kurz in kochendes Wasser legen) oder gleich würfelig schneiden.
Gemeinsam mit den Kräutern zum Burghul geben. Das ganze mit Olivenöl
und der Hälfte des Zitronensaftes marinieren, salzen und pfeffern.
1 Stunde ziehen lassen.
Den Salat putzen und waschen, die einzelnen Blätter in einer Schüssel oder
Tellern auslegen und den Salat darauf anrichten.
Den restlichen Zitronensaft mit Pfeffer und Salz würzen und getrennt dazu
reichen.

(ʘ) TIPP

Tabbouleh ist ein Klassiker unter den arabischen Salaten und passt auch gut auf einen
Vorspeisenteller (Seite 54ff). Eine nordafrikanische Variante verwendet statt Burghul
Couscous.
Anmerkung: Burghul ist die arabische Bezeichnung, die Türken nennen den Hart-
weizengries Bulgur. In verschiedenen Stärken in jedem türkischen und asiatischen
Laden erhältlich.

Gekocht im celery's

Überbackene Melanzani
mit Tomaten und Schafkäse
(4 Portionen)

(Saudi-Arabien)
Insgesamt: 6,72 EUR

Zutaten:

750 g Melanzani	1,50 EUR
1000 g Tomaten	2,00 EUR
2 Zwiebeln	0,16 EUR
Salz, Pfeffer	0,03 EUR
2 TL mittelscharfes Paprikapulver	0,02 EUR
2 Knoblauchzehen, fein gehackt	0,04 EUR
150 ml Olivenöl	0,50 EUR
400 g Schafkäse	1,52 EUR
3 EL gehackte Petersilie	0,45 EUR
1 Fladenbrot	0,50 EUR

Zubereitung:
Backrohr auf 200° C vorheizen.
Melanzani und Tomaten waschen. Die Melanzani in 1 1/2 cm dicke, die
Tomaten in 1 cm dicke Scheiben schneiden. Zwiebel in dünne Ringe schnei-
den. Eine feuerfeste Form leicht ausfetten. Melanzani und Tomaten in die
Form schichten, mit Salz, Pfeffer und Paprikapulver würzen.
Die Zwiebelringe mit dem Knoblauch in Olivenöl glasig dünsten, über die
Gemüse verteilen.
Schafkäse mit einer Gabel zerdrücken und über das Gemüse streuen und im
vorgeheizten Rohr ca. 30 Minuten überbacken.
Vor dem Servieren mit Petersilie bestreuen. Das Gemüse am besten lauwarm
mit Fladenbrot essen.

(ಠ) TIPP

Anmerkung: Die Melanzani (auch Eierfrucht oder Aubergine genannt) wurde im
9. Jahrhundert von den Arabern aus Indien nach Nordafrika gebracht und ist das wohl
beliebteste mediterrane und arabische Gemüse. Die vielfältigen Fruchtformen unterschiedlicher Größe reichen von kugelig, birnenförmig bis gerade-länglich. Neben
schwarz-violettem Farbton gibt es auch weiße und hellrötliche Sorten mit schwarzen
Punkten. In der arabischen Küche wird sie auch „Fleisch des armen Mannes" genannt,
was vermutlich auf ihren hohen Nährstoffgehalt zurückzuführen ist: neben zahl-
reichen Vitaminen und Mineralstoffen enthalten Melanzani auch ätherische Öle und
Bitterstoffe. Beim Kauf sollte man darauf achten, dass die Früchte prall und fest sind
und keine dunklen Flecken aufweisen.

Gekocht im celery's

Bohnen mit Mais und Kürbis (Brasilien)

(4 Portionen)   Insgesamt: 2,84 EUR

Zutaten:

2 EL Olivenöl	0,08 EUR
2 grosse Zwiebeln, fein gehackt	0,20 EUR
2 Knoblauchzehen, fein gehackt	0,04 EUR
500 g Tomaten	1,00 EUR
1 EL frischer Basilikum, gehackt	0,15 EUR
1 eingelegte Pfefferoni, dünne Ringe	0,12 EUR
500 g Kürbis, 2 cm grosse Würfel	0,55 EUR
100 g braune Bohnen	0,15 EUR
500 ml Wasser	
Salz	0,01 EUR
250 g Maiskörner	0,43 EUR
30 g Geröstetes Maniokmehl zum Bestreuen	0,11 EUR

Zubereitung:

Bohnen über Nacht einweichen. Wasser abgießen und in einem Topf mit mindestens 3-facher Wassermenge weich kochen und abgießen.

Das Olivenöl in einem großen, schweren Topf erhitzen. Zwiebel und Knoblauch 10 Minuten darin dünsten, sie können ruhig etwas braun werden. Tomaten kurz in kochendes Wasser geben, die Haut abziehen und in kleine Würfel schneiden. Mit dem Basilikum und der Pfefferoni zu den Zwiebeln geben und bei schwacher Hitze 10 Minuten köcheln lassen.

Die Kürbiswürfel und die gekochten Bohnen hinzufügen, mit Wasser auffüllen und 15 Minuten mit schwacher Hitze weiterköcheln lassen, evtl. etwas Wasser nachgießen. Die Maiskörner dazugeben, salzen und weitere 5 Minuten kochen.

Mit dem gerösteten Maniokmehl servieren.

(♨) TIPP

Anmerkung: Maniok (Mandioca), eine 30 – 90 cm lange Wurzel des Maniokstrauches, nutzten die Ureinwohner im tropischen Teil Südamerikas schon vor Jahrtausenden als universelles Nahrungsmittel. Mit seinem hohen Gehalt an Vitaminen und Eiweiß ist Maniok auch heute noch als Nahrungsmittel für weite Teile der Bevölkerung in Südamerika und Afrika von Bedeutung (siehe auch Rezept Seite 132). In Brasilien ist Maniok allgegenwärtig und häufig findet man das Mehl in Streuern ähnlich wie bei uns den Parmesan. Erhältlich ist Maniok (als Mehl oder als ganze Wurzel) in afrikanischen oder asiatischen Läden.

Gekocht: im celery's

Gemüse-Korma mild-aromatisch (Indien)

(4 Portionen) Insgesamt: 4,98 EUR

Zutaten:

50 g Butter	0,30 EUR
2 Zwiebeln, in Ringe geschnitten	0,16 EUR
2 Knoblauchzehen, gepresst	0,04 EUR
3 cm frischer Ingwer, gerieben	0,19 EUR
1 TL Kreuzkümmel, gemahlen	0,04 EUR
1 EL Korianderkörner, gemahlen	0,06 EUR
6 grüne Kardamomkapseln	0,30 EUR
1 Zimtstange	0,06 EUR
1 TL Kurkuma	0,04 EUR
1 frische rote Chili, fein gehackt	0,03 EUR
2 große Kartoffeln, geschält und in 2,5 cm großen Würfel	0,35 EUR
1 kleine Melanzani, klein gewürfelt	0,80 EUR
125 g Champignons, dicke Scheiben	0,38 EUR
125 g grüne Bohnen	0,38 EUR
Salz, Pfeffer	0,03 EUR
100 g Joghurt	0,20 EUR
150 g Crème fraiche	0,60 EUR
1 TL Garam masala (indische Gewürzmischung)	0,13 EUR
Frische Korianderzweige zum Garnieren	0,40 EUR
Papadams (indische Linsenmehlfladen) als Beilage o. Fladenbrot	0,50 EUR

Zubereitung:

In einem Topf mit schwerem Boden (z. B. Wok) die Butter zerlassen, die Zwiebeln 5 Minuten, dann Knoblauch und Ingwer weitere 2 Minuten braten. Kreuzkümmel, Koriander, Kardamom, Zimtstande, Kurkuma und Chili beigeben, unter Rühren kurz mitbraten. Kartoffeln, Melanzani, die Pilze und 175 ml Wasser hinzufügen, zugedeckt zum Kochen bringen und bei schwacher Hitze 15 Minuten kochen lassen. Bohnen zugeben und offen noch 5 Minuten kochen. Das Gemüse warm stellen. Die restliche Garflüssigkeit bei starker Hitze leicht einkochen lassen, vom Herd nehmen, salzen und pfeffern, Joghurt, Crème fraiche und Garam masala unterrühren. Das Gemüse anrichten, mit der Sauce übergießen und mit Korianderblättern garnieren. Mit Fladenbrot servieren.

Für dieses Korma können verschieden Gemüsekombinationen verwendet werden, etwa Karotten, Karfiol, Brokkoli, Zucchini, Erbsen, kleine Maiskolben. Die Gewürze für ein intensives Aroma vor dem Mahlen ohne Fett anrösten.

Gekocht im celery's

Kichererbseneintopf mit Kartoffeln und Pilzen

(Jemen)

(4 Portionen) Insgesamt: 3,35 EUR

Zutaten:

200 g Kichererbsen od. 1 Dose (450g)	0,22 EUR
500 g Kartoffeln	0,28 EUR
150 g Pilze (Steinpilze, Eierschwammerln od. Champignons)	0,70 EUR
1 Zwiebel, fein gehackt	0,10 EUR
4 EL Petersilie, fein gehackt	0,60 EUR
4 EL Sonnenblumenöl	0,04 EUR
Salz	0,02 EUR
4 EL frisches Bohnenkraut	0,80 EUR
300 ml Gemüsesuppe	0,09 EUR
Fladenbrot	0,50 EUR

Zubereitung:
Kichererbsen über Nacht einweichen, Wasser abgießen und mit ausreichend Wasser aufsetzen und in ca. 1 Stunde weich kochen. Die Kartoffeln in Salzwasser weich kochen, schälen und in Würfel schneiden. Die Kichererbsen mit den Kartoffeln vermischen.
Pilze putzen. Öl in einer Pfanne erhitzen und die Zwiebel mit den Pilzen anbraten, zu den Kartoffeln geben und gut vermischen. Mit Salz abschmecken.
Die Kartoffeln und die Kichererbsen kurz mitbraten und mit der heißen Gemüsesuppe aufgießen. Mit Salz abschmecken und einige Minuten kochen lassen. Die Blätter vom Bohnenkraut fein hacken und kurz vor dem Servieren unter den Eintopf mischen.
Mit Petersilie bestreuen und mit Fladenbrot servieren.

Gekocht im celery's

115

Kürbis gebacken mit Kürbiskernölsauerrahm

(2 Portionen)   Insgesamt: 2,40 EUR

Zutaten:

1/2 kg Speisekürbis (am besten Pattison)	1,45 EUR
1 Ei	0,18 EUR
Mehl, Brösel	0,18 EUR
1/2 Becher Sauerrahm	0,33 EUR
Salz, Pfeffer, Kürbiskernöl	0,25 EUR

Zubereitung:
Kürbis je nach Sorte schälen, in ca. ein Zentimeter dicke Scheiben schneiden und mit Salz und Pfeffer würzen. In Mehl, verschlagenem Ei und Semmelbrösel panieren und anschließend in mittelheißem Fett goldgelb frittieren. Auf Küchenpapier abtropfen lassen und mit Kernölsauerrahm servieren.
Für den Kernölsauerrahm, Sauerrahm mit 1 El Kernöl und Salz kurz mit einem Löffel verrühren, eventuell etwas Knoblauch zugeben und zum gebackenen Kürbis servieren.
Dazu kann auch Salat serviert werden, dadurch würde allerdings der Einkaufspreis steigen.

(ὦ) TIPP

Am vielseitigsten verwendbar sind die Kürbissorten Butternut, Acorns, Hubbards, Uchiki Kuri, Muscade de Provence und Bleu de Hongrie.

Anmerkung: Die Kürbisse sind eine alte Kulturpflanze. Sie wurden, wie Bohnen und Mais, schon von den Mayas und Azteken als Grundnahrungsmittel angepflanzt.
Die Substanzen im Kürbis und seinen Kernen wirken gegen eine ganze Anzahl von Krankheiten wie Arteriosklerose, Herzinfarkt, Schlaganfall, Prostatabeschwerden und Blasenleiden.

Kürbisgemüse karibisch
mit Chili-Zitronen-Sauce

(4 Portionen)   Insgesamt: 3,18 EUR

Zutaten:

2 EL Sonnenblumenöl	0,02 EUR
1 mittelgroße Zwiebel, fein gehackt	0,08 EUR
1 grüne Paprika, 1 cm breite Streifen	0,30 EUR
500 g Kürbis, 2 cm große Würfel	0,55 EUR
500 g Tomaten	1,00 EUR
200 ml Gemüsesuppe	0,06 EUR
1 TL Rosenpaprika	0,01 EUR
1 TL Thymian	0,01 EUR
Salz, 1 Prise Muskatblüte	0,08 EUR

Für die Sauce:

4 EL Sonnenblumenöl	0,04 EUR
1 mittelgroße Zwiebel, fein gehackt	0,08 EUR
4 Knoblauchzehen, fein gehackt	0,08 EUR
4 frische rote Chili	0,12 EUR
75 ml Zitronensaft	0,60 EUR
abgeriebene Schale von 1/2 ungespritzten Zitrone	0,15 EUR

Zubereitung:

Öl erhitzen, Zwiebel und Knoblauch goldbraun braten, Paprikastreifen dazugeben und einige Minuten mitbraten. Kürbis dazugeben und einige Minuten unter Rühren anbraten. Tomaten enthäuten, Strunk entfernen und grob würfeln. Mit der Brühe, dem Paprikapulver, Thymian und Muskatblüte zum Kürbis geben, gut vermischen und mit Salz abschmecken. Zugedeckt 20-25 Minuten bei mittlerer Hitze garen, ab und zu umrühren.
Der Kürbis sollte seine Form bewahren und nicht zu weich gekocht werden.
Gemüse vom Herd nehmen.
Für die Sauce Öl in einer kleinen Pfanne erhitzen, Zwiebel, Chili und Knoblauch 10 Minuten anbraten, vom Herd nehmen und mit dem Zitronensaft und Zitronenschale vermischen und mit Salz abschmecken. Am Teller neben das Kürbisgemüse anrichten und mit Brot servieren.

Gekocht im celery's

117

Kürbisgemüse (Rahmkürbis) mit Braterdäpfel

(2 Portionen)   Insgesamt: 3,61 EUR

Zutaten:

400 g Kürbis nudelig geschnitten	1,45 EUR
1 EL Butter	
1/2 Zwiebel kleingeschnitten, Salz	
1/2 EL Paradeismark, Kümmel, wenig Dille	
1 KL Mehl	
1/4 l Sauerrahm	0,43 EUR
400 g speckige Erdäpfel	0,73 EUR
1 Bratwurst	1,00 EUR

Zubereitung Rahmkürbis:

Kürbis einsalzen und stehen lassen. Zwiebel fein schneiden und in Butter anschwitzen. Kürbis gut ausdrücken und zum Zwiebel geben. Paradeismark zugeben, mit Salz, Kümmel und Dille würzen. Sauerrahm mit etwas Wasser und Mehl glatt rühren, zum Kürbis geben und auf kleiner Flamme weich dünsten. Kürbis mit Braterdäpfel und je 1/2 Bratwurst in Scheiben geschnitten und gebraten anrichten.

Zubereitung Braterdäpfel:

Erdäpfel vom Vortag nicht zu weich gekocht, schälen und in dicke Scheiben schneiden. In einer Pfanne mit dickem Boden 1-2 EL Schmalz erhitzen, Erdäpfelscheiben flach verteilen und bei mittlerer Hitze langsam goldgelb anbraten, wenden und mit Salz, Pfeffer und Kräutern (Majoran) oder Kümmel würzen, nach Bedarf mit Butter verfeinern.

(ᗤ) TIPP

Den noch nicht angeschnittenen Kürbis immer bei Zimmertemperatur lagern. Bei zu kalten Temperaturen verdirbt der Kürbis viel schneller.

Anmerkung: Der Kürbis ist kein Gemüse, sondern eine hartschalige Beerenfrucht.

Omelett mit Grammeln, Erdäpfeln und Rosmarin

Eingesendet von Frank Lissy-Honegger
(2 Portionen)   Insgesamt: 2,10 EUR

Zutaten:

4 Eier	0,55 EUR
2 mittelgroße Erdäpfel	0,14 EUR
1 Zweiglein Rosmarin	
2 EL Grammeln	1,02 EUR
1/2 Knoblauchzehe	0,04 EUR
Petersilie	0,25 EUR
Butter oder Schmalz	0,10 EUR

Zubereitung:

Eier mit Grammeln, kleingeschnittenen Rosmarin, Petersilie und Knoblauch verquirlen.
Geschälte, geriebene und gut ausgedrückte Erdäpfel dazugeben, salzen und pfeffern.
In einer schweren Pfanne auf beiden Seiten in Schmalz herausbacken.
Die Mitte soll cremig bleiben. Mit Salbei servieren.

(◕) TIPP

Als Beilage zum Omelett können karamellisierte Zwiebeln oder Salate gegessen werden.

Anmerkung: Rosmarin wirkt appetit- und verdauungsstimulierend, sowie leicht krampflösend. Die konzentrierten Wirkstoffe des Rosmarinöls werden äußerlich als schmerzstillendes Mittel bei Verstauchungen und als hautreizendes Einreibemittel bei Rheuma verwendet. Als Badezusatz wirkt es außerdem kreislaufstimulierend. In der Küche verwendet man Rosmarinblätter zu Gemüse, Wild, Geflügel, Fisch, Lamm, und Schweinefleisch sowie in Suppen und Saucen. Anders als viele andere Blattgewürze verträgt Rosmarin längeres Kochen problemlos.

Paprika mit Pistazien und Champignons gefüllt

(Tunesien)

(4 Portionen)

Insgesamt: 5,23 EUR

Zutaten:

je 4 rote und grüne, eher kleine Paprika	2,00 EUR
1 große Zwiebel	0,10 EUR
250 g Champignons	0,75 EUR
2 EL Petersilie	0,30 EUR
150 g Pistazien	0,45 EUR
1 Knoblauchzehe, gepresst	0,02 EUR
4 EL Sonnenblumenöl	0,04 EUR
2 Kornspitz von Gestern	1,00 EUR
Salz, frisch gemahlener schwarzer Pfeffer	0,04 EUR
100 ml Gemüsesuppe	0,03 EUR
1 Fladenbrot	0,50 EUR

Zubereitung:

Paprika waschen, den Deckel abschneiden, Kerne und Scheidewände entfernen, anschliessend die Paprika blanchieren (ca. 3 Minuten kochen). Champignons putzen und würfelig schneiden, Petersilie waschen, trockenschütteln und fein hacken. Pistazienkerne hacken und mit dem Knoblauch und der Petersilie in heißem Öl anbräunen. Champignons und Zwiebel zugeben und einige Minuten mitandünsten. Backrohr auf 180° C vorheizen. Die Kornspitze in lauwarmem Wasser einweichen, ausdrücken, in kleine Stücke reißen und unter die Masse mischen. Mit Salz und Pfeffer abschmecken. Die Paprika füllen und die Deckel draufsetzen. Eine Kasserolle mit Öl ausstreichen und die Paprika eng nebeneinander stellen. Die Gemüsesuppe dazugießen und 20 – 25 Minuten garen.

In der Zwischenzeit die Kartoffeln schälen, waschen und vierteln bzw. halbieren. Wasser zum Kochen bringen, salzen und die Kartoffeln in 10 – 15 Minuten weich kochen.

Die Paprika mit der gehackten Petersilie bestreuen, etwas Suppe auf den Teller geben und mit Fladenbrot servieren.

(ʊ) TIPP

Statt ausgelöster Pistazien aus dem Reformhaus können auch gesalzene, preisgünstigere in der Schale verwendet werden. Dann werden die Pistazien nicht mitgeröstet.

Anmerkung: Gefüllte Gemüse sind Hauptbestandteil der arabischen und mediterranen Küche. Mit dieser Masse können auch Tomaten oder Krautblätter gefüllt werden.

Gekocht im celery's

Rotkrautrouladen mit Champignon-Bulgur-Füllung

(4 Portionen)   Ingesamt: 3,22 EUR

Zutaten:

4-6 große Rotkrautblätter	0,20 EUR
150 g Bulgur	0,23 EUR
200 g Champignons	0,60 EUR
1 Zwiebel	0,08 EUR
1 Knoblauchzehe	0,02 EUR
6 EL Olivenöl	0,24 EUR
3 EL Dinkelmehl, fein gemahlen	0,07 EUR
3 EL Getreidesprossen	0,15 EUR
3 EL gehackte Walnüsse	0,18 EUR
4 EL Petersilie gehackt, 1 TL Thymian	0,75 EUR
2 Eier	0,34 EUR
250 ml Gemüsesuppe	0,08 EUR
250 ml Apfelsaft	0,25 EUR
Salz, schwarzer Pfeffer	0,04 EUR

Zubereitung:

Rotkrautblätter blanchieren, Bulgur verlesen und in einer Schüssel mit kaltem Wasser einweichen. Champignons putzen und in kleine Würfel schneiden. 3 EL Öl erhitzen, die Zwiebel, Champignons und Knoblauch kurz andünsten. Bulgur abgießen, einige Minuten mitdünsten und dann kalt stellen. Dinkelmehl, Sprossen, Nüsse und Kräuter hinzufügen, gut vermischen, salzen und pfeffern, dann die Eier unterrühren. Die Mischung auf die Rotkrautblätter geben und zu Rouladen rollen, mit Zahnstochern oder Küchengarn zusammenhalten. Das restliche Öl erhitzen und die Rouladen von beiden Seiten goldbraun braten. Jeweils die Hälfte von Gemüsesuppe und Apfelsaft dazugeben und die Rouladen zugedeckt 10 Minuten leicht kochen lassen, Rouladen umdrehen und restliche Suppe und Apfelsaft dazugeben, weitere 5 Minuten kochen. Den Saft mit Salz und Pfeffer würzen. Rouladen anrichten und mit dem Sud übergießen. Dazu schmecken Salzkartoffeln oder wahlweise Fladenbrot.

Gekocht im celery's

Semmelknödel mit warmem Speck-Krautsalat

Semmelknödel

(2 Portionen)   Ingesamt: 1,45 EUR

Zutaten für ca. 4 Stück Semmelknödel :

200 g Knödelbrot getrocknet	0,57 EUR
8 cl Öl	0,15 EUR
1-2 EL feingeschnittene Zwiebel	0,04 EUR
Petersilie, Majoran oder Liebstöckl (Maggikraut), Salz	0,22 EUR
0,2 l Milch	0,15 EUR
2 Eier	0,32 EUR

Zubereitung:
Zwiebeln und Speckwürfel in Öl goldgelb anrösten, Milch zugießen und aufkochen lassen. Zum Knödelbrot geben und die noch heiße Masse gut mit Kochlöffel durchmischen. Mit Salz und Kräutern würzen. Dann zur abgekühlten Masse die Eier geben und gut durchkneten, andrücken und mit nassen Händen glatt streichen, etwas rasten lassen.
Mit nassen Händen glatte Knödel à ca. 140 g formen und in kochendes Salz-wasser einlegen, zugedeckt ca. 15 Minuten (auch länger möglich) kochen lassen.
Für Serviettenknödel etwas weniger Eier, für Briocheknödel oder frisches Knödelbrot nur ca. die Hälfte der Milch verwenden.
Werden die Knödeln später verwendet bzw. auf Vorrat gekocht, sofort in kaltem Wasser ca. 10 – 15 Minuten abschrecken und abkühlen lassen.

Warmer Speck-Krautsalat oder Chinakohlsalat

2 Portionen   Insgesamt: 2,47 EUR

Zutaten:

1/4 kg Weißkraut	0,36 EUR
Salz, Kümmel	0,07 EUR
50 g Speckwürfel, am besten vom gekochten Jausenspeck	0,40 EUR
ca. 4 cl Essig	0,19 EUR

Zubereitung:
Weißkraut fein nudelig schneiden, mit Kümmel und Salz würzen, gut an-drücken und ca. 1 Stunde stehen lassen.
Nicht zu mageren, gekochten Jausen- oder Frühstücksspeck kleinwürfelig geschnitten, in heißer Pfanne knusprig anrösten, mit Wasser, verdünntem Wein- oder Mostessig bzw. Gewürzessig ablöschen. Mit Salz und Pfeffer würzen. Heiß über den Salat geben und etwas ziehen lassen.
Mit heißem Speckdressing begießen, gut durchmischen und ca. 5 – 10 Minuten ziehen lassen. Krautsalat lauwarm mit Semmelknödel und etwas Schnittlauch anrichten.

((ᵒ)) **TIPP**

Das Kraut wird durch das Übergießen mit dem heißen Dressing weicher und bekömmlicher.

Anmerkung: Kraut und Kohl enthalten eine Vielzahl an gesundheitsfördernden Substanzen wie Vitamin B, Provitamin A, Vitamin C und sekundäre Pflanzenstoffe die krebshemmend sind. Roher Krautsaft ist Balsam für Magen und Darm und hilft den Nieren, Körpergifte auszuscheiden.

Bigos

Eine Polnische Spezialität zum Kalsdorfer Pfarrfest 2002

(12 Portionen) Insgesamt: Kosten pro Person 1,05 EUR

Zutaten:

3 Zwiebeln fein geschnitten (ca. 400 g)	0,40 EUR
1/8 l Öl oder Schmalz	0,15 EUR
300 g Speck klein gewürfelt (Jausen- oder Frühstücksspeck gekocht)	
	3,00 EUR
500 g Schweinefleisch gewürfelt (Hals oder Schulter)	2,15 EUR
1 Kraut- oder Kohlkopf klein geschnitten (ca. 1 kg)	0,69 EUR
200 g Wurst gewürfelt (Braunschweiger)	1,20 EUR
200 g Pilze oder Champignons klein geschnitten	0,89 EUR
500 g Sauerkraut (evtl. gewaschen)	1,45 EUR
2 TL Kümmel ganz, 2-3 Lorbeerblätter	0,73 EUR
2 TL Majoran, 2-3 Zehen Knoblauch	0,80 EUR
2 EL Paprika edelsüß, 2 EL Paradeismark	0,72 EUR
1 1/2 l Suppe oder Wasser, Salz	0,20 EUR

Zubereitung:
Zwiebeln und Speck in Öl anrösten, gewürfeltes Fleisch zugeben.
Paradeismark sowie Paprikapulver zugeben und ca. 2 Minuten verrühren.
Kraut, Kohl sowie sämtliche Gewürze zugeben. Mit Suppe aufgießen und
ca. 20 Minuten kochen lassen. Hitze reduzieren, Pilze und Wurst zugeben
und auf kleinerer Flamme ca. 1/2 – 3/4 Stunde köcheln lassen. Vor dem
Anrichten nochmals gut abschmecken und mit Brot oder Erdäpfeln und
wahlweise Sauerrahm servieren.

(☉) TIPP

Für Eintopfgerichte und Gulasch sollte immer genügend Kochzeit eingeplant werden.
Erst nach längerem Köcheln entsteht der charakteristische Geschmack.

Bohnensuppe

Eingesendet von Frank Lissy-Honegger

(6 Portionen)   Insgesamt: 2,40 EUR

Zutaten:

1/2 kg getrocknete Borlotti- oder Wachtelbohnen	0,49 EUR
kleine Karotte	0,05 EUR
kleine Zwiebel	0,15 EUR
kleines Stück Sellerie	0,50 EUR
1 Knoblauchzehe	0,02 EUR
einige Petersilstengerl	0,12 EUR
1 Lorbeerblatt	
etwas Speckschwarte	
1 TL Tomatenmark	0,02 EUR
2 l Hühnersuppe	
150 g Hörnchennudeln	0,40 EUR
1 Zweiglein Rosmarin	
1 Salbeiblatt	
1 Zweig Thymian	
6 EL Olivenöl	0,65 EUR

Zubereitung:
Bohnen über Nacht einweichen. Das Gemüse schneiden und mit der Speckschwarte in Olivenöl anbraten. Die Bohnen und dann das Tomatenmark dazugeben. Mit der Hühnersuppe oder Wasser aufgießen, 2 Stunden sanft köcheln lassen. Die Speckschwarte herausnehmen. Sind die Bohnen weich, 1/3 als Einlage zurückbehalten. Die restlichen Bohnen mit Suppe durch eine flotte Lotte passieren und eventuell ein wenig Wasser zugeben. Vor dem Anrichten die in Salzwasser gekochten Nudeln und übrigen, gepfefferten Bohnen dazugeben. Im Teller mit Olivenöl und kleingeschnittenen Kräutern würzen.

(☉) TIPP

Hülsenfrüchte schon am Vortag einweichen! Geschälte Hülsenfrüchte benötigen eine kürzere Einweich und Garzeit. Das Einweichwasser mit den gelösten Nähr- und Wirkstoffen sollte zum Kochen mitverwendet werden. Salz, Zitrone oder Essig erst nach dem Garen zugeben, da sonst das Weichwerden verzögert wird.

Anmerkung: Hülsenfrüchte sind auf Grund des hohen Zelluloseanteils schwer verdaulich. Der Rohfasergehalt bedingt aber eine hohe Sättigungswirkung. Geschälte Hülsenfrüchte sind leichter verdaulich, enthalten aber weniger Mineralstoffe und Vitamine. Die ganzjährig angebotenen Früchte sind billige Stärke- und Energielieferanten. Hülsenfrüchte sollten trocken, dunkel, kühl und getrennt von stark riechenden Waren gelagert werden. Sie sollten nach 6 bis 9 Monaten verbraucht werden. Bei Überlagerung werden sie hart und weniger quell- und kochfähig.

Borschtsch

(4 Portionen)

(Ukraine)

Insgesamt: 3,70 EUR

Zutaten:

2 EL Öl	0,02 EUR
2 mittelgroße Zwiebeln, fein gehackt	0,20 EUR
4 Knoblauchzehen, fein gehackt	0,08 EUR
1 l Gemüsesuppe	0,30 EUR
1 Lorbeerblatt, 1 Muskatblüte, 1 Nelke	0,10 EUR
1 TL Oregano	0,05 EUR
2 TL Rosenpaprika, 1/2 TL scharfes Paprikapulver	0,06 EUR
200 g Rote Rüben	0,40 EUR
200 g Karotten	0,20 EUR
200 g Kartoffel	0,14 EUR
200 g Sellerie	0,80 EUR
100 g Petersilwurzel	0,20 EUR
100 g Weisskraut	0,20 EUR
250 ml Sauerrahm	0,70 EUR
2 EL Dill gehackt	0,20 EUR
1/2 EL Zitronensaft	0,05 EUR

Zubereitung:

Die Gemüse in 1 cm dicke Scheiben, die Petersilwurzel in 1/2 cm dicke Stifte schneiden. Öl in einem grossen Topf erhitzen. Zwiebel und Knoblauch in 10 Minuten glasig dünsten. Die Zwiebeln mit der Gemüsesuppe aufgießen, alle Gewürze dazugeben und zum Kochen bringen. Die Gemüse dazugeben und 10 Minuten zugedeckt kochen lassen.
Sauerrahm mit Dill vermischen. Die Suppe vom Herd nehmen und mit dem Zitronensaft und Salz abschmecken. Vor dem Servieren 1 EL Dillsauce auf die Suppe geben, den Rest dazureichen.

(◔) TIPP

Anmerkung: In früheren russischen Zeiten wurde der Borschtsch so dick gekocht, dass der Löffel im Teller stand. Wenn die Männer auf eine lange Reise gingen, froren die Frauen den Borschtsch ein und gaben ihn den Männern mit. Er galt als eine sehr sättigende und kalorienreiche Speise. Eigentlich ist Borschtsch aber ein Gattungsbegriff, was so viel heißt wie: es gibt soviele Rezepte von Borschtsch, wie es KöchInnen gibt ...

Gekocht im celery's

Erdäpfelgulasch

(2 Portionen) Insgesamt: 2,31 EUR

Zutaten:

100 g Zwiebel	0,07 EUR
ca. 30-50 g Schmalz	0,15 EUR
Tomatenmark	0,22 EUR
1 KL Paprika, edelsüß	0,05 EUR
ca. 1/2 l Suppe oder Wasser	0,12 EUR
Salz, Pfeffer, Kümmel, Majoran, Lorbeer, Knoblauch, Pfefferoni oder Chillischote	
1/2 kg mehlige, rohe Erdäpfel	0,18 EUR
150 g Braunschweiger	1,30 EUR
eventuell etwas Sauerrahm und Mehl zum binden	0,22 EUR

Zubereitung:

Feingeschnittenen Zwiebel in Schmalz goldgelb anrösten, etwas Tomatenmark einrühren, Hitze verringern, Paprika zugeben, im lauwarmen Fett
1 – 2 Minuten durchrühren, mit warmer Suppe oder Wasser aufgießen,
Hitze erhöhen, mit Salz, Pfeffer, Kümmel, Majoran, Lorbeer, Knoblauch
und etwas Pfefferoni oder Chilischote vorsichtig würzen.
Ca. 1/4 Stunde nicht zugedeckt eher kräftig kochen lassen, Hitze reduzieren
und den Saft ca. 2 Stunden auf kleiner Flamme ganz langsam köcheln lassen.
Zwischendurch wenn notwendig mit etwas kaltem Wasser aufgießen und
abfetten.
Wenn der Gulaschsaft einen angenehmen Geschmack erreicht hat, die grob
geschnittenen Erdäpfel zugeben, nach ca. _ Stunde die grob gewürfelte
Braunschweiger dazugeben und langsam mitkochen bis die Erdäpfel weich
werden. Am Schluss eventuell mit etwas Sauerrahm und Mehl (verrührt)
binden.

(ധ) TIPP

Mit diesem Gulaschansatz können sämtliche Gulacharten zubereitet werden, es
werden nur die Erdäpfel durch Rind- oder Schweinefleisch für Rind- bzw. Schweins-
gulasch sowie evtl. mit Hühnerkeulen für Paprikahuhn ersetzt.

Anmerkung: Der besondere Geschmack entsteht durch die längere Kochzeit vom
Gulaschsaft.

Gulasch & Co

Es gibt sicher nicht viele Speisen, die in so unterschiedlicher Form und Bezeichnung angeboten werden wie das Gulasch. Eine Speise, die ursprünglich von den Hirten am offenen Feuer eher als Suppe und sehr feurig zubereitet wurde. Aus diesem Gulasch wurde bei uns mit viel Zwiebel das Saftgulasch, welches in Ungarn als Pörkölt bezeichnet wird. Auch der Paprika kam erst später in unsere Breiten und so wurde das Urgulasch noch mit Chillipfeffer zubereitet, wodurch die Bezeichnung Pfefferfleisch noch gelegentlich auftaucht.

Im Laufe der Jahre hat jeder Koch so seine Gulaschphilosophie entwickelt, darum möchte auch ich mein Gulaschgeheimnis, welches eigentlich gar kein großes Geheimnis ist, somit preisgeben.

Sie werden erkennen, dass vom Rindergulasch bis zum Erdäpfelgulasch und vom Szegediner bis zum Paprikahendl die gleiche Zubereitung mit kleinen Unterschieden abläuft. Ja selbst ein Wildgulasch oder Lammragout läuft nach dem selben Prinzip ab. Dahinter steckt aber nicht etwa Faulheit beim Rezeptschreiben, sondern einfache physikalische Abläufe beim Kochen. Wenn man die Küche von dieser Perspektive aus betrachtet, erkennt man, dass die Küche sehr einfach aufgebaut ist.

Nun kurz zu meiner Gulaschherstellung und den Tipps dazu:

Die Zwiebeln werden unmittelbar vor dem Anrösten geschnitten.

Zwiebeln die gehackt werden oder geschnitten länger stehen, werden bitter!

Die geschnittenen Zwiebeln in einer schweren und eher breiten Kasserolle mit reichlich Schmalz anrösten.

Eine breite und schwere Kasserolle sorgt für eine gleichmäßige Hitzeverteilung, durch die große Fläche kann das Wasser aus den Zwiebeln oft bis zu 50% besser und schneller verdunsten. Durch das reichliche Fett gibt es wiederum eine gute Hitzeverteilung und die Zwiebeln lassen sich besser umrühren und rösten so gleichmäßig durch. Für das Rösten von ca. 1 kg Zwiebel benötigt man eine sehr große Kasserolle und ca. 3/4 Stunde Zeit.

Ist der Zwiebel leicht goldgelb, kommt eventuell etwas konzentriertes Paradeismark dazu, dann wird die Hitze verringert, und erst dann kommt der Paprika dazu und wird im Fett ein bis zwei Minuten angerührt und aufgegossen.

Durch das Anrühren in Fett kann sich der Paprika, der ja sehr fettreich ist, besser auflösen, wodurch eine schönere Farbe und ein besserer Geschmack entsteht.

Danach gieße ich mit warmer Suppe auf. Anschließend kommen die Gewürze aber noch kein Salz dazu. Und jetzt kocht dieser Gulaschansatz ca. 3/4 Stunde ohne Deckel kräftig am Herd.

Durch dieses kräftige Kochen kann sich Zwiebel und Paprika gut verkochen. Unangenehme und blähende Stoffe können in dieser Zeit gut auskochen.

Bis zu diesem Punkt werden bei mir alle Gulascharten gleich behandelt, der Unterschied liegt nur in der Zwiebelmenge (Saftgulasch= gleichviel Zwiebel wie Fleisch, Kalbsgulasch ist weniger Zwiebel) und im Aufgussstoff (Rindsuppe für Rindsgulasch oder Hühnersuppe für Paprikahendl)

Wird eine größere Zwiebelmenge verwendet, muss nicht mit Mehl gebunden werden, wird mit der entsprechenden Suppe aufgegossen (Kalbssuppe für Kalbsgulasch oder Schwammerlfond für Schwammerlgulasch), so entsteht alleine dadurch schon ein viel besserer Geschmack als beim Aufgießen mit Wasser, wie es in vielen Rezepten empfohlen wird.

Der letzte Punkt betrifft den Zeitpunkt, wann das Grundprodukt zum Gulaschsaft kommt.

Nun, ein Wadl (Rinderhaxe ausgelöst), das klassische Gulaschfleisch dauert bei gemütlicher Hitze etwa 3 Stunden, genug Zeit für Zwiebel und Paprika ordentlich zu verkochen, ein passieren ist nicht notwendig und bedingt durch diese lange Zeit, entsteht ein Geschmack wie in Großmutters Küche. Die Erdäpfel für ein Gulasch dauern etwa 1/2 Stunde, in dieser Zeit wäre der Zwiebel und Paprika noch nicht verkocht, der Zwiebel schmeckt zu diesem Zeitpunkt eher süßlich und ist eher blähend, der Paprika schmeckt eher bitter und bewirkt ein unangenehmes Aufstoßen.

Die lange und gemütliche Kochzeit ist für den Geschmack zuständig. Heute wird leider alles viel zu schnell und bei zu hoher Hitze zubereitet, wodurch die Speisen der Großmutter, von denen viele noch träumen, nicht mehr möglich sind, denn die Großmutter hatte noch Zeit zum Kochen.

Ein altes Sprichwort sagt, dass ein aufgewärmtes Gulasch viel besser ist als ein frisches Gulasch. Das stimmt zum Teil, denn durch das Aufwärmen verlängert sich die Kochzeit und ein Gulasch das länger dauert schmeckt eben besser. So einfach kommt man zum Geschmack, nur, wer hat heute schon Zeit, die gibt es noch nicht zu kaufen.

Ich hoffe, Ihnen mit diesem Beispiel ein bisschen meine Philosophie beim Kochen näher gebracht zu haben.

Diese Einzelpunkte bewirken natürlich bei anderen langsam gegarten Speisen ähnliche Ergebnisse.

WILLI HAIDER

Erdäpfel-Krautauflauf

(2 Portionen)   Insgesamt: 2,32 EUR

Zutaten:

0,1 l Milch	0,07 EUR
0,1 l Obers	0,25 EUR
500 g Erdäpfel	0,36 EUR
400 g Weißkraut	0,73 EUR
40 g Grammeln oder Speckwürfeln	0,44 EUR
0,1 l Obers	0,25 EUR
1-2 Eier	0,22 EUR
Paprika, Salz, Muskat, Pfeffer, Kümmel	

Zubereitung:

Erdäpfel schälen und sofort in gleichmäßige, nicht zu dünne Scheiben in die Milch-Obersmischung schneiden, mit Salz, Pfeffer, Muskat und Kümmel würzen.
Ca. 1/4 Stunde köcheln und dann abkühlen lassen. Die Erdäpfel sollen noch kernig sein.

Weißkraut in einzelne Blätter zerteilen, im Salzwasser weich kochen und in kaltem Wasser abschrecken. Auf feuchtem Tuch mit Schnitzelhammer flach klopfen.
Eine tiefe Bratenpfanne gut ausfetten und mit Krautblättern (1/3) belegen.
Hälfte der Erdäpfelmasse auf den Krautblättern verteilen und mit der Hälfte der Grammeln bestreuen. Wieder Krautblättern (1/3), restliche Erdäpfelmasse, Grammeln und mit Krautblätter die oberste Schicht abdecken. 3 – 4 EL Obers erhitzen und mit 1 KL Paprika kurz verkochen, abkühlen und restliches Obers dazurühren. Ei einrühren und mit Salz und Muskat würzen. Eventuell geriebenen Käse einstreuen. Über den Krautauflauf gießen und gut andrücken.
Die Masse sollte saftig sein. Im Rohr bei 180° C ca. 30 Minuten auf mittlerer Schiene backen.

(ల) TIPP

Am besten schmeckt der Auflauf aufgewärmt, lässt sich auch leichter portionieren.
Anmerkung: Erdäpfel wurden in Österreich erstmals im Jahre 1588 ausgesetzt und gezogen. Man fand zunächst, dass die „Erdbirn riechen und nicht schmecken, und nicht einmal Hunde sie fressen" wollen. Als jedoch 1770/1772 eine schwere Getreidemissernte eine Hungersnot verursachte, lernte man die Frucht zu schätzen.

Gekochte Schweinsstelze mit Semmelkrenhaube

(2 Portionen)   Insgesamt: 2,39 EUR

Zutaten:

1 vordere Schweinsstelze ca. 1/2 kg	1,09 EUR
1 Bund Suppengemüse	0,57 EUR
2 alte Semmeln	0,22 EUR
1 Ei	0,15 EUR
Gewürze, Schnittlauch und Kren	0,36 EUR

Zubereitung:
Schweinsstelze waschen und in einem hohen schmalen Topf mit kaltem Wasser knapp bedeckt zustellen. Suppengemüse zugeben und mit Salz, 1 – 2 Lorbeerblätter, 1 El Essig und evtl. mit Pfefferkörnern würzen. Auf kleiner Flamme ca. 1 1/2-2 Stunden weich kochen. Etwas Suppe abseihen und mit den klein geschnittenen Semmeln unter oftmaligem Rühren zu einem dicken Brei kochen. Mit Kren und etwas Schnittlauch gut abschmecken. Zum Schluss ein Ei einrühren.

Die Stelze auslösen und in eher dicke Scheiben schneiden, mit der Semmel-krenmasse bestreichen und eventuell im Rohr mit Grillschlange über-backen. In einen Suppenteller etwas Suppe und das kleingeschnittene Suppengemüse geben, darauf die Stelzenscheiben legen und servieren. Bei Bedarf könnten noch ein paar Salzerdäpfel als Beilage dazu gegeben werden.

(◔) **TIPP**

Bei Verwendung von frischem Kren diesen nicht vorreiben und stehen lassen, denn das Aroma verflüchtigt sich sehr schnell.
Anmerkung: Kren wird zum Würzen von Fleisch und Fischgerichten und zur Herstellung verschiedener Saucen verwendet. Mit Kren gewürzt werden fette Speisen leichter verdaulich da Kren anregend auf die Verdauungsdrüsen wirkt. Außerdem regt er die Nierentätigkeit an und wirkt harntreibend und antiseptisch.

Kasava Live mit Kochbananen oder Maniok

(Zaire)

Rezept von Ando Luye, Afro Beauty 2000, Graz
(4 Portionen)   Insgesamt: 5,27 EUR

Zutaten Kasava Live:

500 g Kasava Live (Grüne Blätter von Maniok)	3,00 EUR
600 g Melanzani	1,20 EUR
1 mittelgrosse Zwiebel	0,08 EUR
150 ml rotes Palmöl	0,65 EUR
2 EL Petersilie	0,30 EUR
Salz, Pfeffer	0,04 EUR

Zutaten Fufu:

1 kg Kochbananen, Maniok, Yams oder Süßkartoffeln (1,80 EUR)
1 TL Salz

Zubereitung Kasava Live:
Die Zwiebel fein hacken, Melanzani schälen und grob hacken. Mit den Blättern und dem roten Palmöl vermischen, salzen und pfeffern und zum Kochen bringen, 40-50 Minuten kochen.

Zubereitung Fufu:
Die Knollen bzw. Kochbananen schälen und in 5-7 cm grosse Stücke oder Scheiben schneiden. In Salzwasser 20-45 Minuten kochen lassen, Wasser abgießen und servieren.

(ʊ) TIPP

Anmerkung: Kasava Live sind die Blätter von Maniok, ein Gemüse, das überall in den Tropen verbreitet ist wie in Brasilien (Djuka), Südamerika, Angola, Kamerun oder im Kongo. Maniok ist mit seiner rauhen bis glatten, dunkelbraunen Haut und länglichen, zynlindrischen Form wie die Kartoffel ein Wurzelgemüse und sehr reich an Vitaminen und Mineralstoffen. Äußerlich ähnelt Maniok der Yamswurzel, die ebenfalls zu den Grundnahrungsmitteln in Afrika und Brasilien gehört. Sowohl die Blätter als auch die Wurzel ist in afrikanischen, karibischen oder auch asiatischen Läden erhältlich.

Käsespätzle mit Chinakohlsalat

(2 Portionen)   Insgesamt: 2,39 EUR

Zutaten:

0,2 l Milch	0,17 EUR
2 Eier (ca. 120 g)	0,29 EUR
2 cl Öl	0,04 EUR
300 g Mehl (griffig: Typ 480)	0,33 EUR
1 Zwiebel grob geschnitten	0,25 EUR
etwas Öl zum Zwiebel rösten	0,07 EUR
1/2 KL Salz , Pfeffer, Schnittlauch	0,07 EUR
100 g Reibkäse	0,65 EUR
300 g Chinakohl fein geschnitten	0,29 EUR
Salz, Kümmel, Essig und Öl	0,22 EUR

Zubereitung:

Milch, Eier, Öl, Mehl mit einem Kochlöffel rasch zu einem festen Teig
schlagen, bis sich im Teig Blasen bilden, etwas rasten lassen und auf nassem
Brett mit Hilfe einer Palette oder einem Messerrücken fingerdicke ca. 2 cm
große Nockerln in einen hohen Topf mit kochendem Salzwasser schaben
oder mit einem Spätzlesieb bzw. Spätzlehobel einkochen. Kochwasser mit
den kochenden Nockerln immer wieder im Uhrzeigersinn kurz umrühren,
damit die Nockerln nicht zusammenkleben. Ca. 5-10 Minuten kochen (eher
länger) und abseihen. Inzwischen den Zwiebel in etwas Öl oder Fett anlaufen
lassen, die abgetropften Nockerln zugeben, mit Salz, Pfeffer, Schnittlauch
würzen und mit dem Reibkäse durchmischen oder den Käse auf die Nockerl
geben und eventuell im Rohr bei Grillschlange kurz überbacken.
Für den Salat, Chinakohl mit Salz und Kümmel marinieren, wahlweise mit
warmem Essig und Öl abmachen und zu den Käsespätzle servieren.

(ტ) TIPP

Werden die Nockerl auf Vorrat gekocht, nach dem Kochen sofort in kaltem Wasser
abschrecken und evtl. mit etwas Öl vermischen. Bei Verwendung heiß abspülen bzw.
kurz in kochendes Wasser tauchen, abtropfen lassen und in Butter oder Rahm, mit
Porree, Paradeiser oder Pilzen erwärmen. Dieser Teig ist auch Ausgangsmasse für
Apfelspatzen und viele andere Leckereien.

Für Spinat- oder rote Rübenspätzle, zum Teig Gemüsepüree zugeben, dafür etwas
weniger Milch.
Für Nockerln, Erdäpfelteig oder Nudelteig eher griffiges Mehl verwenden!
Anmerkung: Chinakohl wirkt nicht blähend wie viele andere Kohlsorten. Die beste
Zeit für Chinakohl ist von September bis Oktober.

Krautgemüse mit Piment und Granatapfel

(Libanon)

(4 Portionen)   Insgesamt: 3,54 EUR

Zutaten:

1 kg Weißkraut	0,70 EUR
Saft von 1 Zitrone	0,15 EUR
3 große Zwiebeln	0,24 EUR
4 EL geklärte Butter (Butterfett)	0,60 EUR
5 Knoblauchzehen	0,10 EUR
1 TL zerstoßener Piment	0,10 EUR
Salz, Pfeffer	0,05 EUR
1 Granatapfel	0,40 EUR
2 EL getrockneter Dill	0,20 EUR
500 ml Joghurt, 10%	1,00 EUR

Zubereitung:

Das Kraut waschen und fein hobeln. Zitronensaft drüberträufeln und eine Stunde stehen lassen.

Die Zwiebel fein hacken, die Butter erhitzen und die Zwiebel glasig dünsten, Knoblauch fein hacken und dazugeben. Gewürze und Salz hinzufügen und kurz mitrösten. Kraut dazugeben und mit 1/4 l Wasser aufgießen und bei schwacher Hitze 30 Minuten kochen lassen. Den Granatapfel halbieren, die Kerne herauslösen und in den Topf geben. 10 Minuten köcheln lassen. Eventuell noch etwas Wasser zugeben. Zum Schluss mit Dill bestreuen. Heiß mit Joghurt servieren.

(◡) TIPP

Anmerkung: Wenige Früchte sind so sehr mit den Kulturen des Alten Orients und der antiken Griechen und Römer verbunden wie der Granatapfel. In der griechischen wie auch persischen Mythologie wird der Granatapfel sowohl mit Fruchtbarkeit als auch Tod, sowie der Vergänglichkeit im allgemeinen in Verbindung gebracht. Als Symbol für die Göttin der Liebe sahen ihn jedenfalls fast alle antiken Völker an. Haupteinfuhrzeit ist September bis Dezember. Neben Spanien, Marokko, Ägypten, der Türkei zählen Iran und Afghanistan zu den Hauptanbaugebieten.

Gekocht im celery's

Krautrouladen ungarisch mit Salzkartoffeln

Eine Roma-Spezialität,
vegetarisch abgewandelt von Josef Olàh (Slowakei)
(4 Portionen)   Insgesamt: 3,89 EUR

Zutaten:

1 Krautkopf	1,05 EUR
2 Zwiebeln	0,20 EUR
150 g Reis	0,30 EUR
100 g Sojagranulat	1,10 EUR
250 g Tomaten aus der Dose	0,30 EUR
50 g Tomatenmark	0,10 EUR
5 TL edelsüßer Paprika	0,06 EUR
Schwarzer Pfeffer, Salz, Kümmel	0,07 EUR
50 ml Sonnenblumenöl zum Anbraten	0,05 EUR
500 g Sauerkraut	0,66 EUR

Zubereitung:

Den Krautkopf beim Strunk einschneiden, Wasser aufkochen, Salz, Kümmel, Essig und einen Schuss Öl dazugeben und den Krautkopf solange kochen, bis er oben schwimmt und die Blätter weich sind. Vorsichtig die Blätter abnehmen und auf einen Teller schichten.
Sojagranulat in kaltem Wasser ca. 20 Minuten einweichen. Die Hälfte der Zwiebeln anrösten, 3 TL Paprikapulver kurz mitbraten. Den Reis waschen und mit dem Sojagranulat, den Zwiebeln und Paprika vermischen, mit Salz und schwarzem Pfeffer würzen. Mit den Krautblättern kleine Rollen formen. Die andere Hälfte der Zwiebeln in einem großen Topf 5 Minuten anbraten, 3 TL Paprikapulver kurz mitbraten, vom Herd nehmen und abwechselnd die Krautwickel und das Sauerkraut hineinschichten. Die oberste Schicht sollte Sauerkraut sein. Mit Wasser aufgiessen und 20-30 Minuten kochen lassen. Die Krautwickel mit dem Sauerkraut anrichten, den Saft mit Salz abschmecken und über die Krautwickel gießen. Mit Brot oder Butterkartoffeln servieren.

---

(٥) TIPP

Anmerkung: Krautwickel ist ein traditionelles Rezept im ganzen Balkanraum, das in Serbien etwa „Sarma" heißt. Sie stammen wie die Dolmas (gefüllte Gemüse) aus der Türkei. Bei den ungarischen Roma bzw. auch in der Slowakei oder Tschechien lebenden Roma ist dieses einfache Gericht ein fester Bestandteil ihrer Küche. Zubereitet im celery's_the juice bar anlässlich eines Roma-Abends im April 2002.

Kürbis-Kichererbsen-Eintopf
mit Tahin und Pinienkernen

(Ägypten)

(4 Portionen)

Insgesamt: 5,55 EUR

Zutaten:

200 g Kichererbsen	0,22 EUR
600 g geschälter Kürbis	0,66 EUR
5 EL Margarine	0,24 EUR
3 EL Tahin (Sesammus)	0,20 EUR
1/4 l Gemüsesuppe	0,08 EUR
Salz	0,01 EUR
3 Knoblauchzehen, gepresst	0,06 EUR
2 EL Olivenöl	0,08 EUR
200 g Pinienkerne	4,00 EUR

Zubereitung:

Die Kichererbsen über Nacht einweichen. Abgießen und in einem Topf mit mindestens doppelter Menge Wasser in 45-60 Minuten weich kochen. In einem Sieb abtropfen lassen und beiseite stellen.

Den Kürbis in 2 cm dicke und 5 cm lange Streifen schneiden. Die Kürbisstreifen 2-3 Stunden an der Luft trocknen lassen. Die getrockneten Kürbisstreifen in heißer Margarine von beiden Seiten goldbraun braten. Gemüsebrühe, Tahin und etwas Salz in einen Topf geben, gut vermischen und aufkochen lassen. Kürbis hinzufügen und bei schwacher Hitze 30 Minuten köcheln lassen, ab und zu umrühren. Eventuell noch etwas Wasser zugeben. Die Kichererbsen und den Knoblauch dazugeben und noch einmal aufkochen lassen.

Olivenöl in einer Pfanne erhitzen und die Pinienkerne goldbraun rösten. Das Kürbisgemüse auf eine Platte geben und mit den Pinienkernen bestreuen.

Mit Fladenbrot servieren.

(ဖ) TIPP

Anmerkung: Sesam zählt zu den ältesten Kulturpflanzen der Welt. Die Samen werden getrocknet und geröstet, wodurch sich das charakteristische Aroma entwickelt. Tahina (so die arabische Bezeichnung für Sesammus) entsteht bei der Pressung von Sesamöl als Nebenprodukt.

Gekocht im celery's

Linseneintopf mit Kartoffeln, Tomaten und Kraut

(palästinensisch)

(4 Portionen)   Insgesamt: 4,44 EUR

Zutaten:

200 g braune Linsen	0,22 EUR
100 g rote Linsen	0,10 EUR
5 EL Olivenöl	0,20 EUR
5 Knoblauchzehen	0,10 EUR
5 Frühlingszwiebeln	0,70 EUR
2 grosse Kartoffeln	0,28 EUR
1 rote Paprika	0,40 EUR
500 g Fleischtomaten	1,00 EUR
1/4 Kopf Kraut (Wirsing oder Weisskraut)	0,28 EUR
2 scharfe Chili	0,12 EUR
1 TL Rosenpaprika	0,01 EUR
Salz	0,03 EUR
1 Bund Radieschen	0,50 EUR
1 Fladenbrot	0,50 EUR

Zubereitung:
Die Linsen verlesen, waschen und abtropfen lassen. In einer Schüssel mit
2,5 l Wasser bedecken und eine Stunde einweichen lassen.
Mit dem Einweichwasser in einen großen Topf geben (die Wassermenge
sollte ca. 2 l betragen), zum Kochen bringen und zugedeckt 20 Minuten bei
mittlerer Hitze kochen lassen. Dann die roten Linsen zufügen. Die Tomaten,
Paprika und Kartoffeln grob würfeln, Frühlingszwiebel in 3 mm breite
Ringe schneiden, Knoblauch hacken. Wirsing- oder Krautblätter in 3 mm
breite Streifen schneiden.
Das Öl in einer Pfanne erhitzen. Knoblauch und Frühlingszwiebel 5 Minuten
braten und mit den anderen Zutaten zu den Linsen geben.
Mit Rosenpaprika und Salz würzen und weitere 15 Minuten kochen lassen.
Die Radieschen in Scheiben schneiden und den Eintopf damit garnieren.
Mit Fladenbrot servieren.

Gekocht im celery's

Mangold-Gemüse
mit Bulgur-Linsen-Pilaw

(4 Portionen)   Insgesamt: 4,36 EUR

Zutaten Mangoldgemüse:

750 g Mangold (vom jungen Mangold)	1,50 EUR
250 ml Olivenöl	1,00 EUR
2 Zehen Knoblauch	0,04 EUR
Saft einer Zitrone	0,15 EUR
1 TL Kreuzkümmel	0,04 EUR
1/2 Tasse Wasser	
Salz, 2 EL Petersilie	0,30 EUR
1/2 Granatapfel	0,20 EUR

Zutaten Bulgur-Linsen-Pilaw:

125 g grüne Linsen	0,14 EUR
125 g Bulgur	0,19 EUR
1 TL Koriander gemahlen, 1 TL Zimt	0,08 EUR
2 EL Olivenöl	0,08 EUR
1 kleine rote Zwiebel, fein gehackt	0,04 EUR
200 g Karotten	0,20 EUR
1 Knoblauchzehe	0,02 EUR
1 TL Kreuzkümmelsamen	0,04 EUR
Salz, frisch gemahlener schwarzer Pfeffer	0,04 EUR
2 EL grob gehackte Petersilie	0,30 EUR

Gekocht im celery's

138

Zubereitung Mangoldgemüse:

Den Mangold gut waschen, den Stiel in 1/2 cm grosse Würfel schneiden, den Blattteil grob hacken. In einem schweren Topf das Olivenöl erhitzen, und den Mangold während 5 Minuten braten. Mit Wasser aufgießen und aufkochen lassen.
Knoblauch pressen und mit Zitronensaft und dem Kreuzkümmel zum Mangold geben. Alles gut vermischen und mit Salz abschmecken.
Mit gehackter Petersilie und Granatapfel garnieren.

Zubereitung Bulgur-Linsen-Pilaw:

Linsen und Bulgur getrennt für eine Stunde in kaltem Wasser einweichen. Anschließend abgießen. Die Linsen mit Koriander, Zimt und 500 ml Wasser in einen Topf geben. Zum Kochen bringen und bei schwacher Hitze köcheln lassen bis die Linsen weich sind.
Inzwischen in einer Pfanne das Öl erhitzen, die Zwiebel und den Knoblauch in 10 Minuten goldbraun anbraten, die Karottenstifte und den Kreuzkümmel dazugeben, mit etwas Wasser aufgießen und 3 Minuten kochen lassen bis die Karotten gar aber noch bissfest sind. Den abgetropften Bulgur mit den Linsen vermischen und in die Pfanne geben. Mit Salz und Pfeffer würzen und erhitzen, dabei leicht anbraten. Die Petersilie untermischen und mit dem Mangoldgemüse servieren.

Quiche Lorraine

(2 Portionen)

Eingesendet von Diana Reiners

Insgesamt: 2,43 EUR

Zutaten:

1 Tiefkühlblätterteig	0,65 EUR
30 g Speck	0,50 EUR
1 Ei	0,14 EUR
75 g Sauerrahm	0,14 EUR
Salz, Pfeffer, evtl. Muskat	
1/2 Stange Lauch	0,60 EUR
geriebener Emmentaler	0,40 EUR

Zubereitung:

Eine kleine Backform mit Backpapier auslegen oder einfetten und mit Mehl bestäuben. Ersatzweise einen Ring aus Alufolie formen und auf ein Blech mit Backpapier setzen. Form mit Blätterteig auskleiden. Lauch waschen, in feine Ringe schneiden und kurz blanchieren. Abtropfen und auf den Blätterteig geben, Speck darauf verteilen. Ei mit Sauerrahm verrühren und mit Salz und Pfeffer würzen. Auf den Lauch und den Speck geben, den geriebenen Käse darauf verteilen. Bei 160° C im Backofen ca. 25 Minuten backen, bis der Blätterteig aufgegangen und die Füllung schön gebräunt ist.

(ბ) TIPP

Fein geschnitten eignet sich Sommerlauch hervorragend als Rohkostsalat.

Anmerkung: Je nach Erntezeit wird zwischen Sommer-, Herbst- und Winterlauch unterschieden, was für den Verbraucher vor allem an der Blattfarbe deutlich wird. Sommerlauch zeigt hellgrünes, Herbstlauch mittel- bis dunkelgrünes und Winterlauch blaugrünes Laub. Die größere Frostbeständigkeit des Winterlauchs lassen ihn zusammen mit einer Vliesabdeckung gut über den Winter kommen. Bis in den April hinein kann er bei frostfreiem Boden laufend frisch vom Feld geerntet werden.

Quiche Lorraine ist eine Spezialität aus Lothringen.

Rahmlinsen

(2 Portionen)   Insgesamt: 2,17 EUR

Zutaten:

100 g Zwiebel, fein geschnitten	0,09 EUR
100 g gekochter Speck, gewürfelt	1,59 EUR
250 g Linsen	0,22 EUR
1/8 l Obers	0,07 EUR
Balsamico-Essig, Salz, Pfeffer, Majoran	0,20 EUR

Zubereitung:

Linsen (am besten sind die kleinen Linsen – Berglinsen) über Nacht einweichen, (Einweichwasser weggießen, blähende Stoffe!) und in leicht gewürztem Wasser mit Salz, Lorbeerblatt und eventuell Gewürznelken langsam weich kochen.

Für die Rahmlinsen Zwiebel und Speck anrösten, eingeweichte und vorgekochte oder gekeimte, rohe Linsen zugeben, etwas Balsamico, eventuell mit etwas Mehl stauben, mit Obers aufgießen, kurz einkochen und abschmecken.

(☉) **TIPP**

Durch das Ankeimen von Getreide, Hülsenfrüchten oder Samen erhöhen sich die Spurenelemente und Vitamine um ein Vielfaches, weiters verkürzt sich bei Hülsenfrüchten durch das Ankeimen die Kochzeit.

Anmerkung: In der indischen Küche spielen Linsen eine große Rolle. Die halbierten roten Linsen sind ein Grundnahrungsmittel im ganzen Mittleren Osten und werden oft mit Reis serviert.
Die bekannten grünen und roten Linsen verkochen zu einem Brei und ergeben gute Suppen, während die braunen und grauen Arten ihre Form behalten und als Gemüse serviert werden können.

Reisfleisch

(2 Portionen)

Zutaten:

100 g Zwiebel	0,07 EUR
ca. 50 g Öl	0,11 EUR
1 El Paprika, edelsüß Salz, Pfeffer, Lorbeer, evtl. etwas Knoblauch	0,20 EUR
ca. 1/2 l Suppe oder Wasser	
300 g Schweinsschulter	1,53 EUR
80 g Langkornreis, roh	0,10 EUR
50 g Sauerrahm	0,53 EUR
etwas Mehl zum Binden	
20 g Hart- bzw. Reibkäse	0,25 EUR

Zubereitung:

Schweinefleisch in nicht zu große Würfel schneiden, mit Salz und Pfeffer würzen und in einer Kasserolle oder Pfanne in etwas Fett rasch goldgelb anrösten. Aus der Kasserolle geben und darin die Zwiebeln unter Zugabe vom restlichen Fett leicht anschwitzen, Hitze verringern, Paprika zugeben, 1-2 Minuten durchrühren, mit warmer Suppe oder Wasser aufgießen, Hitze erhöhen, mit Salz, Pfeffer, Lorbeer und Knoblauch würzen.
Ca. 1/4 Stunde nicht zugedeckt kräftig kochen lassen, Hitze reduzieren und das angebratene Fleisch zugeben.
Nach ca. 1 Stunde etwa 1/4 l Saft abgießen, den rohen Reis zugeben und alles langsam am Herd oder im Rohr ca. 1/2 Stunde weich dünsten lassen.
Am Schluss den abgeschöpften Saft mit etwas Sauerrahm und Mehl binden.
Das Reisfleisch in einen nassen Schöpfer drücken und auf Teller stürzen, mit der Sauce umgießen und mit etwas geriebenem Käse bestreut anrichten.

Wird Reis als Beilage zubereitet, kann er in leicht gesalzenem Wasser, Gemüsebrühen und leichter Fleischbrühe gegart werden.

Anmerkung: Reis kann, abhängig von der Reissorte und der Verwendung, auf 4 verschiedene Arten zubereitet werden:

Pilaw-Garung: Der Reis wird zuerst in Butter oder Öl angeröstet und dann mit der Flüssigkeit kurz aufgekocht. Danach soll der Reis bei geringer Hitze im geschlossenen Topf quellen, bis die gesamte Flüssigkeit aufgesogen ist. Für Parboiled Reis nicht geeignet.

Quell-Garung: Der Reis wird mit der Flüssigkeit kurz aufgekocht. Danach soll der Reis bei geringer Hitze im geschlossenen Topf quellen, bis die gesamte Flüssigkeit aufgesogen ist.

Risotto-Garung: Der Reis wird zuerst mit Zwiebelwürfeln in Butter glasig gedünstet und dann neben dem Herd mit der Hälfte der Flüssigkeit übergossen. Sobald die Flüssigkeit aufgesogen ist, wird der Reis mit der zweiten Hälfte der Flüssigkeit aufgekocht und bei geringer Hitze im geschlossenen Topf gegart, bis die gesamte Flüssigkeit aufgesogen ist.

Wasser-Garung: Der Reis wird in mindestens der sechsfachen Menge Flüssigkeit sprudelnd gekocht und danach durch ein Sieb abgetropft. Basmati- oder Jasminreis entfaltet seinen Duft besonsers gut, wenn er danach in etwas zerlassener Butter erwärmt wird. Die Wassergarung ist die übliche Garmethode bei Kochbeutelreis. Dabei ersetzt der Kochbeutel das Sieb.

Ritschert

(2 Portionen)   Insgesamt: 2,35 EUR

Zutaten:

1-2 EL Schmalz oder Öl	0,07 EUR
1/2 kleiner Zwiebel, feingeschnitten	0,15 EUR
2 EL Sellerie kleinwürfelig geschnitten oder geraspelt	0,15 EUR
1/2 l Selchsuppe oder Rindsuppe	0,22 EUR
50 g weiße Bohnen frisch oder aus der Dose	0,15 EUR
70 g Rollgerste eingeweicht oder vorgekocht	0,15 EUR
1 Lorbeerblatt, Liebstöckel, Salz, Pfeffer, Salbei	0,22 EUR
1 Knoblauchzehe geschnitten	0,04 EUR
140 g Geselchtes vom Hals oder Ripperl	1,09 EUR
100 g rohe mehlige Erdäpfel gewürfelt	0,11 EUR

Zubereitung:

Zwiebel in Schmalz anrösten, Sellerie mitdünsten und mit Suppe aufgießen.
Erdäpfel, Bohnen und Rollgerste sowie Gewürze dazugeben und auf kleiner
Flamme langsam ca. 1/2 Stunde köcheln lassen. Achtung, brennt leicht an!
Öfters umrühren, eventuell mit etwas Suppe zwischendurch aufgießen.
Gekochtes, klein gewürfeltes Selchfleisch dazugeben, mit Salbei oder
Liebstöckel abschmecken und servieren.

(◡) TIPP

Werden die Bohnen und die Rollgerste roh zugegeben, verlängert sich die Kochzeit
auf ca. 2 1/2 Stunden, wobei die Erdäpfel erst nach ca. 1 1/2 Stunden zugegeben werden.
Der längere Zeitaufwand lohnt sich für den besseren Geschmack dieses einfachen
Gerichtes.

Anmerkung: Eine deftige steirische Spezialität, die von den Zutaten her verschieden
zusammengesetzt und auch in anderen Bundesländern serviert wird.

Szegediner Gulasch

(2 Portionen)   Insgesamt: 2,34 EUR

Zutaten:

100 g Zwiebel	0,11 EUR
ca. 2 El Schmalz	0,04 EUR
1/2 El Tomatenmark	0,04 EUR
1 El Paprika, edelsüß	0,07 EUR
ca. 1/2 l Suppe oder Wasser	0,15 EUR
Salz, Pfeffer, Kümmel ganz, Lorbeer, Knoblauch	0,15 EUR
200 g Schweinefleisch nicht zu mager von Hals, Schulter oder Brüstl	
	1,09 EUR
1/4 kg Sauerkraut roh	0,33 EUR
eventuell etwas Sauerrahm und Mehl zum Binden	0,07 EUR
3-4 Erdäpfel	0,29 EUR

Zubereitung:

Feingeschnittenen Zwiebel in Schmalz goldgelb anrösten, Tomatenmark
einrühren, Hitze verringern, Paprika zugeben, im lauwarmen Fett
1 – 2 Minuten durchrühren, mit warmer Suppe oder Wasser aufgießen,
Hitze erhöhen, mit Salz, Pfeffer, Kümmel, Lorbeer und Knoblauch würzen.
Ca. 1/2 Stunde nicht zugedeckt und kräftig kochen lassen, Hitze reduzieren
und das würfelig geschnittene Fleisch zugeben. Nach ca. 1/2 Stunde das
Sauerkraut zugeben und auf kleiner Flamme ganz langsam weich köcheln
lassen. Zwischendurch wenn notwendig mit etwas Suppe oder Wasser
aufgießen.
Am Schluss etwas Sauerrahm und Mehl verrühren und damit das Szegediner
binden.
Mit Salzerdäpfel oder Kümmelerdäpfel anrichten.

(ల) TIPP

Damit beim Zwiebelschneiden die Augen nicht tränen, befeuchten Sie vorab Brett,
Messer und Hände.

Anmerkungen: Die Gegend um die ungarische Stadt Szeged ist berühmt für ihre
Paprikaschoten und für ihr herzhaftes Gulasch. Szegediner Gulasch wird auch Szegediner Gulyas oder Gulasch a la Szekely genannt.

Nachspeisen

Hollerblüten (Holunder) im Weinteig gebacken

(4 Portionen) Insgesamt: 2,34 EUR

Zutaten:

12–16 Holunderblüten mit Stielansatz	1,50 EUR
1/4 kg glattes Mehl	0,15 EUR
2 Eier	0,30 EUR
1/4 l Wein oder Milch	0,16 EUR
Salz, etwas geriebene Zitronenschale	0,20 EUR
Öl, Staubzucker	0,04 EUR

Zubereitung:

Eier in Dotter und Klar trennen. Dotter, Mehl, Prise Salz und Wein oder Milch zu einem festen Backteig rühren. Eiklar zu halbfestem Schnee schlagen und unterheben. Teig rasten lassen.
Blüten waschen und durch den Teig ziehen. In heißem Öl kurz herausbacken und mit Staubzucker bestreut servieren. Als Beilage eignen sich Kompott oder Preiselbeeren.

(ʊ) TIPP

Anstelle von Holunderblüten könnten auch Akazien- oder Kürbisblüten verwendet werden. Kürbisblüten gibt es von Juni bis Ende September.

Anmerkung: Tee aus Holunderblüten wirkt stark schweißtreibend und stärken die Abwehrkräfte. Außerdem ist eine geringe schleimlösende und harntreibende Wirkung zu bemerken.

Makala (Gebackene Mäuse, Kamerun)

zur Verfügung gestellt von Kamdem Mou Poh à Hom
(4-6 Portionen)   Insgesamt: 4,86 EUR

Zutaten:

1 kg Mehl	1,00 EUR
3 Eier	0,51 EUR
50 g Kokosflocken	0,20 EUR
50 g Zucker	0,05 EUR
1 Pckg. Backpulver	0,20 EUR
3 Pckg. Vanillezucker	0,60 EUR
1 Liter Milch	0,70 EUR
abgeriebene Schale von einer ungespritzten Zitrone (grün)	0,30 EUR
etwas Butter	0,30 EUR
1 Liter Öl zum Herausbacken	1,00 EUR

Zubereitung:

Mehl in eine Schüssel geben, dann zuerst Eier, dann Kokosflocken, Zucker, Vanillezucker, Backpulver, geriebene Zitronenschale, Butter und zuletzt die Milch zugeben und mit den Händen gut umrühren. Das Öl erhitzen und die Mäuse jeweils einige Minuten frittieren.

Beeren im Gelee
(4 Portionen)   Insgesamt: 2,34 EUR

Zutaten für eine kleine Kastenform:

400 g Beeren (Himbeeren, Erdbeeren, Schwarzbeeren, Brombeeren, Ribiseln, Kirschen, Trauben)	1,59 EUR
Zucker	0,30 EUR
0,2 l Läuterzucker	
2 cl Alkohol (Cointreau, Cassis)	
5 Blatt Gelatine	0,45 EUR
evtl. Minze oder Melisse	

Zubereitung:

400 g Beeren der Saison, eventuell mit Zucker marinieren, 0,2 l Läuterzucker (Wasser und Zucker 1:1 kurz erwärmen und abkühlen) oder Fruchtsaft (von Kompott oder Holler- bzw. Kräuterlimonade) und 2 cl Alkohol (Cointreau, Cassis) erwärmen, 5 Blatt eingeweichte Gelatine zugeben und auflösen.

Beeren dazugeben, mit Minze oder Melisse abschmecken, und in eine geölte und mit Klarsichtfolie ausgelegte Form gießen. Einige Stunden kalt stellen.

(ö) TIPP

Besonders attraktiv sieht das Dessert zweifärbig aus, wenn eine geölte und mit Klarsichtfolie ausgelegte Terrinenform etwa mit einer Joghurt-Beerenterrinen Masse teilweise gefüllt und in diese eine kleinere erstarrte Terrine oder Frucht-Würfel (z.B. Beeren in Gelee) eingelegt werden. Die Terrine mit der restlicher Masse auffüllen und einige Stunden kalt stellen.

Anmerkung: Gelatine ist ein Bindemittel. Sie wird aus Tierknochen und Tierhäuten gewonnen. Sie ist geruchs- und farblos. Für Dekorzwecke wird sie auch rot gefärbt angeboten.

Joghurt-Beerenterrine

(4 Portionen)   Insgesamt: 1,78 EUR

Zutaten für eine kleine Kastenform:
(oder doppelte Masse für Kombination mit Gelee in großer Terrinenform)

4 Blatt Gelatine	0,30 EUR
4 cl Alkohol oder Fruchtsaft	0,16 EUR
1/4 l Joghurt oder Sauerrahm	0,12 EUR
Zucker und Minze	0,40 EUR
100 g Beeren oder Trauben	0,50 EUR

Zubereitung:
4 Blatt eingeweichte Gelatine in 4 cl warmen Alkohol oder Fruchtsaft
(Kompott) auflösen.
1/4 l Joghurt oder Sauerrahm mit Gelatine–Alkoholmischung verrühren und
mit Zucker, Zitrone und wahlweise frischer Minze abschmecken. Ca. 100 g
Beeren oder Trauben in Sauerrahm einrühren. In geölte, mit Klarsichtfolie
ausgelegte Form gießen, kalt stellen.
Kalte Terrine am besten mit einem Elektromesser aufschneiden, auf kalten
Tellern anrichten und mit Früchten und Fruchtsaucen garnieren.
Mit frischer Minze oder Melisse dekorieren.

(ʘ) TIPP

Bei Tiefgekühlten Beeren bzw. Obst, das Obst erst in heißer Flüssigkeit auftauen lassen
und dann die Gelatine (ca. 2–3 Blatt mehr Gelatine verwenden) zugeben.

Anmerkung: Gelatine wird als Pulver oder in Blättern angeboten. Die Form hat auf
die Bindeeigenschaft keine wesentliche Auswirkung. 20 Gramm Gelatine bringen etwa
ein Liter Flüssigkeit zum Gelieren. Bei etwa 30 °C beginnt Gelatine seine Festigkeit zu
verlieren. Gelatine ist ein Produkt, dass überwiegend in der kalten Küche Verwendung
findet.

Buchweizenblinis mit Erdbeeren

(4 Portionen)   Insgesamt: 4,92 EUR

Zutaten:

400 g Erdbeeren	1,60 EUR
4 EL Honig	0,37 EUR
1 Prise echte Vanille	0,73 EUR
2 Eier	0,34 EUR
100 g Buchweizenmehl	0,15 EUR
100 g Dinkelmehl	0,15 EUR
150 ml Kefir	1,05 EUR
1 Prise Koriander gemahlen	0,02 EUR
1 Prise Kardamom gemahlen	0,04 EUR
4 EL Butterschmalz	0,48 EUR

Zubereitung:

Die Erdbeeren waschen, vierteln (die kleineren halbieren) und mit Honig und Vanille vermischen; durchziehen lassen.

Die Eigelbe und Mehl mit 500 ml Wasser verrühren, mit Karadamom und Koriander würzen.

Die Eiweiße steif schlagen und unter den Teig ziehen. Aus dem Teig portionsweise in heißem Butterschmalz die Blinis rausbacken. Die Erdbeeren auf eine Hälfte geben, zuklappen und sofort servieren.

Anmerkung: Blinis sind eine russische Spezialität und werden im Originalrezept mit Kaviar und Sauerrahm serviert.

(◡) TIPP

Anmerkung: Blinis sind eine russische Spezialität und werden im Originalrezept mit Kaviar und Sauerrahm serviert.

Gekocht im celery's

Apfelgratin mit Datteln und Haselnüssen

(4 Portionen)   Insgesamt: 2,61 EUR

Zutaten:

1 TL Butter	0,12 EUR
3 große säuerliche Äpfel	0,75 EUR
7 getrocknete Datteln	0,30 EUR
3 EL gehackte Haselnüsse	0,20 EUR
3 EL Cognac oder Weinbrand	0,22 EUR
1 EL brauner Zucker	0,03 EUR
4 TL Haselnussmus	0,64 EUR
125 ml Schlagobers	0,35 EUR

Zubereitung:

Backrohr auf 180° C vorheizen. Die Äpfel in kleine Spalten schneiden, die Datteln vierteln. Eine flache Auflaufform mit Butter ausstreichen und die Apfelspalten und Datteln in einer Lage abwechselnd in die Form schichten. Die Haselnüsse darüber streuen. Cognac od. Weinbrand mit dem Zucker und Haselnussmus gut verrühren und auf die Äpfel verteilen. Das Gratin 12 – 15 Minuten backen. Das Schlagobers schlagen und mit dem Gratin servieren.

(ʘ) **TIPP**

Anmerkung: Die Dattel („das Brot der Wüste") zeichnet sich durch einen hohen Gehalt an B-Vitaminen, Calcium, Phosphor, Eisen, Magnesium, Zink und Kupfer aus. Der Kaliumgehalt ist erstaunlich, er übertrifft den der Bananen um 50%. Sie enthält mehr Ballaststoffe als das faserreichste Vollkornbrot.
Im Kühlschrank sind Datteln bis zu einem Jahr haltbar, beginnen irgendwann zu kristallieren, sind aber nicht verdorben. Frische Datteln bekommt man von August bis Oktober.

Gekocht im celery's

Früchte in Rotwein und Honig

(8 Portionen)   Insgesamt: 3,90 EUR

Zutaten:

1 kg entkerntes Obst	
(Kirschen, Zwetschken oder Birnen, evtl. festere Feigen)	2,00 EUR
6 EL Zucker (150 g)	0,25 EUR
3/4 l Rotwein	1,45 EUR
2 EL Honig	
2 kleine EL Maizena (Stärkemehl)	
1 kl. Zimtstange, Gewürznelken (	0,20 EUR

Zubereitung:

Den Zucker leicht karamellisieren und mit Rotwein ablöschen.
Nicht rühren!
Zimtstangen und Nelken zugeben, einkochen und mit Maizena und
Rotwein sirupartig binden, aufkochen und eventuell abseihen.
Honig zum Schluss dazugeben.
Das Obst in der heißen Rotweinmischung je nach Reifegrad und Festigkeit
ziehen und auskühlen lassen. Mit Zimteis* und einem Hauch schwarzen
Pfeffer servieren.

(ᵔ) TIPP

Zimteis:*
Vanilleeis ca. 1/2 Stunde vorher aus Tiefkühler nehmen, glatt rühren und mit Zimt
oder ähnlichem** und evtl. geschlagenem Obers verfeinern. Kurz frieren.
Achtung: nicht zu lange oder zu kalt frieren, der Geschmack geht verloren!

**Variationen:
Mohn = Mohneis
Lebkuchengewürz = Lebkucheneis
Krokant = Krokanteis
Kokosraspel = Kokoseis
geriebene Nüsse = Nusseis usw.

Anmerkung: Nach ca. 2-3 Stunden sind Birnen oder Äpfel innen noch hell,
am nächsten Tag sind sie vom Rotwein bereits durchgefärbt und dunkelrot.

Halwa – Indisches Karottendessert
(4 Portionen)   Insgesamt: 2,79 EUR

Zutaten:

350 g Karotten, fein gerieben	0,35 EUR
750 ml Milch	0,53 EUR
5 EL Honig	0,88 EUR
Samen aus 10 grünen Kardamomkapseln	0,30 EUR
6 EL gemahlene Mandeln	0,14 EUR
2 EL Butter	0,24 EUR
125 ml Schlagobers	0,35 EUR

Zubereitung:
Karotten und Milch zum Kochen bringen und eine gute Stunde bei schwacher Hitze, unter häufigem Rühren auf die Hälfte einkochen. Kardamomsamen im Mörser fein zerstoßen und mit dem Honig hinzufügen, unter häufigem Rühren zu einer dicken Masse einkochen. Mandeln und Butter dazugeben und weitere 10 Minuten zu einem festen Kloß kochen.
Halwa abkühlen lassen, mit kleinen Löffeln Nocken machen und mit flüssigem Schlagobers servieren.

(◑) TIPP

Das Aroma des Kardamoms wird intensiver, wenn man ihn ohne Fett in einer Pfanne anröstet.

Anmerkung: Kardamom stammt aus Indien und gehört mit Safran und Vanille zu den teuersten Gewürzen, da er erst drei Jahre nach dem Einsetzen zum ersten Mal geerntet werden kann. Auch heute noch ist Indien der größte Kardamom-Lieferant der Welt. Das süßlich-scharfe Aroma ist unverwechselbar. In arabischen Ländern verwendet man ihn zum Würzen von Kaffee, Tee oder Obst, in der indischen Küche ist Kardomom Bestandteil vieler Curry-Mischungen.

Gekocht im celery's

Schneenockerl mit Hollerröster

(4-5 Portionen)   Insgesamt: 2,4 EUR

Zutaten Schneenockerln:

Staubzucker	0,10 EUR
geriebene Zitronenschale	0,15 EUR
3 Eier	0,45 EUR

Zubereitung:

3 Eiweiß mit 3 El Staubzucker, eventuell geriebene Zitronenschale und Prise Salz steif aufschlagen. Mit einem Löffel Nockerln formen und in heißem, leicht gesalzenem und gezuckertem Wasser oder in zuvor aufgekochter, abgeschäumter und gewürzter Milch einlegen und ziehen lassen. Achtung: nicht aufkochen!
Mit Fruchtsaucen oder Hollerröster und Karamell anrichten.

Zutaten Hollerröster:

ca. 400 g frische oder tiefgekühlte rohe Hollerbeeren	0,60 EUR
1/2 l Rotwein	0,70 EUR
100 g Zucker, Zimt	0,10 EUR
1 kleine geschälte, geschabte Birne	0,10 EUR

Zubereitung:

Alle Zutaten ca. 1 1/2 Stunden in einem eher hohen Topf, wegen Überkochgefahr köcheln lassen. Mit etwas Rotwein und einem EL Maizena binden. Die Schneenockerln auf Hollerröster anrichten und mit flüssigem Karamell begießen.

(ω) TIPP

Anstelle von Hollerröster können die Schneenockerln auf Beeren-, Marillen- Weichsel- oder Zwetschkenragout, oder Cumquat (Zwergorangen) angerichtet werden.
Anmerkung: Achtung, roher Holler ist leicht giftig!!!

Ananaskompott jamaikanisch

4 Portionen   Insgesamt: 5,15 EUR

Zutaten:

100 g Kokosflocken	0,10 EUR
3 EL brauner Zucker	0,05 EUR
1 große Ananas	4,50 EUR
2 EL Rum	0,09 EUR
150 ml Schlagobers (sehr kalt)	0,42 EUR

Zubereitung:

Die Kokosflocken mit 300 ml Wasser in einem genügend hohen Topf zum Kochen bringen, gleich vom Herd nehmen und die Flüssigkeit in einen anderen Topf abgießen. Die Kokosflocken gut ausdrücken. Die Ananas in 1 cm grosse Stücke schneiden. Kokosmilch mit dem Zucker zum Kochen bringen, die Ananasstücke zufügen und das Kompott 10 Minuten kochen lassen. Vom Herd nehmen und mit Rum abschmecken. Schlag schlagen und über das heisse Kompott geben.

(ಲ) TIPP

Auf jeden Fall frische und reife Ananas verwenden. Gute Qualität und Reifegrad ist sehr leicht ablesbar, die Farbe sollte vom Grünen ins Gelbe gehen und die inneren Fruchtstengel sollten sich leicht rausziehen lassen.

Anmerkung: Schon im alten Amerika galten Ananas als Symbol der Gastfreundschaft. Oft wurden Bilder der Ananas in Möbel geschnitzt und Beleuchtungen in Form der Ananas sollten die freundliche Atmosphäre bekräftigen. In Mexiko wird Ananas für Heilungsrituale verwendet und zur Abwehr von Flüchen und Verwünschungen. Ernährungsphysiologisch ist die Ananas wegen ihrer Enzyme bekannt, welche Fette und Kohlehydrate verbrennen und dadurch gewichtsreduzierend wirken.

Gekocht im celery's

Bananen gebacken mit Piment und Ingwer
(karibische Art)

(4 Portionen)   Insgesamt: 3,56 EUR

Zutaten:

50 g Butter oder Margarine	0,30 EUR
6 Bananen	1,95 EUR
Saft von einer Limette od. Zitrone	0,15 EUR
1 TL gemahlener Piment	0,10 EUR
1/2 TL gemahlener Ingwer	0,05 EUR
Samen von 6 grünen Kardamomkapseln	0,21 EUR
Limetten- od. Zitronenschale zum Garnieren	0,30 EUR
4 EL Crème fraiche	0,50 EUR

Zubereitung:

Backrohr auf 200° C vorheizen. Eine flache Auflaufform (die Bananen sollten nebeneinander Platz haben) mit Butter einfetten. Bananen schälen, längs halbieren, nebeneinander in die Form legen und mit Limetten- oder Zitronensaft beträufeln. Zucker mit den Gewürzen vermischen und über die Bananen streuen. Die restliche Butter in Flocken darüber verteilen. Ins Rohr geben und 15 Minuten backen, bis alles weich ist. Dazwischen einmal mit dem Saft in der Form beträufeln. Die Form aus dem Ofen nehmen, mit der Limetten- oder Zitronenschale garnieren und mit einem Klecks Crème fraiche servieren.

(◔) **TIPP**

Gelagert werden sollte die Banane bei 13 °C, nicht im Kühlschrank, sonst verliert sie ihren Geschmack.

Anmerkung: Der Energiegehalt der Banane beträgt 374kJ/100g (88kcal/ 100g), damit ist er fast doppelt so hoch wie bei Äpfeln, Birnen oder Zitrusfrüchten.
Bananen gehören wie Mangos zu den ältesten Früchten, die der Mensch angebaut hat. Ihr Ursprung liegt in den Tropen Südasiens. Hauptanbaugebiete sind heute Brasilien, Ecuador, Honduras, Costa Rica, Panama und Kolumbien mit riesigen Plantagen. Die Früchte werden grün geerntet und in Kühlschiffen transportiert. Wenn Sie am Baum ausreifen, würden sie schnell ihren Geschmack verlieren.

Gekocht im celery's

Scheiterhaufen

(10 Portionen)   Insgesamt: 5,28 EUR, pro Person 0,53 EUR

Zutaten:

10 alte Semmeln oder ca. 1/2 kg Milchstriezel oder Briochekipferl	0,69 EUR
ca. 3/4l Milch	0,50 EUR
8 Eier (4 Eiweiß für Schneehaube zurückbehalten)	1,20 EUR
160 g Zucker, eine Prise Salz	0,14 EUR
5-6 Äpfel (ca. 1 kg Jonagold)	1,80 EUR
6 EL Rosinen (oder kernlose Sultaninen)	0,80 EUR
Rum, Zimt	0,15 EUR
Klar von 4 Eiern und ca. 30 g Staubzucker für die Schneehaube	
Butter zum einfetten der Backform	

Zubereitung:

Semmeln oder Milchbrot blättrig schneiden. Milch mit Eiern, Zucker und einer Prise Salz verrühren. Ein wenig Wasser mit Rum vermengen und die Rosinen darin einweichen.

Äpfel schälen, vierteln und Kerngehäuse entfernen. Apfelviertel feinblättrig schneiden oder grob raspeln. Eine feuerfeste Backform mit Butter ausstreichen. Äpfel mit Rosinen vermengen, mit Zimt würzen. Semmeln in der Eiermilch gut anfeuchten. Abwechselnd Semmel- und Apfelmasse sowie wahlweise Eischnee in die Backform schichten und mit der restlichen Eiermilch begießen. Den Scheiterhaufen gut zusammenpressen, falls die Masse zu wenig saftig ist, etwas Milch nachgießen, mindestens 1/2 Stunde rasten lassen. Backrohr auf 200° C vorheizen.

Scheiterhaufen etwa 40 Minuten lang backen und anschließend etwas abkühlen lassen. Inzwischen Eiklar mit Staubzucker und Prise Salz zu festem Schnee schlagen. Den Scheiterhaufen mit dem Eischnee bestreichen und eventuell mit Zackenteigkarte verzieren oder mit einem Spritzbeutel aufdressieren und im Rohr kurz goldgelb überbacken bzw. mit Grill-schlange kurz flämmen. Dazu passen Kompott, Apfelmus oder Preiselbeeren.

(ᛟ) TIPP

Am besten lässt sich der Scheiterhaufen mit einem Elektromesser aufschneiden. Anstelle von Äpfeln können auch Rhabarber oder Kirschen verwendet werden.

Anmerkung: In Persien wurden ganze Landstraßen mit Obstbäumen bepflanzt – und es gab bereits Schulungen in Obstanbau. Alexander der Große brachte von seinen Feldzügen verschiedene Obstarten mit. Darunter auch den Apfel. Von Griechenland gelangte der Apfel nach Italien. Die Römer nahmen das schmackhafte Obst mit auf ihre Feldzüge und trugen so zur Verbreitung des Apfels in Europa bei.